Claudia und Reinold Fischer

Mein großes Gartenbuch

Claudia und Reinold Fischer

Mein großes Gartenbuch

Illustrationen von Hildburg Thiemeyer

Otto Maier Ravensburg

Inhalt

CIP-Titelaufnahme der Deutschen Bibliothek

Fischer, Claudia:
Mein grosses Gartenbuch /Claudia u. Reinold Fischer.
Ill. von Hildburg Thiemeyer. – Ravensburg : Maier, 1990
ISBN 3-473-35499-6
NE: Fischer, Reinold:

3 2 1 92 91 90

Schematische Grafik: Thomas Menzel
Umschlaggestaltung: Ekkehard Drechsel unter Verwendung einer Illustration von Hildburg Thiemeyer

Printed in Italy.
ISBN 3-473-35499-6

Erlebniswelt Garten

Erde ist kein Dreck

Der Nutzgarten

Der Traum vom ganz langen Sommer

Der Gärtner ohne Land

Wasser im Garten und eine wilde Ecke

Erlebniswelt Garten

Der Garten – Platz für tausendundein Abenteuer

In einem Garten ist immer was los. Ob Frühling oder Sommer, Herbst oder Winter: Ein Garten hat tausend Gesichter. Unzählige Pflanzen und Tiere erfüllen ihn mit Leben – sichtbare und solche, die deine Augen nicht sehen können. Vögel und Schmetterlinge, Bäume und Sträucher, Blumen und Früchte, Insekten und Regenwürmer und zahllose winzige Lebewesen in der Erde schaffen eine lebendige, blühende Welt im Garten. Was du auf diesem Fleckchen Erde erleben und entdecken kannst, ist aufregend und wichtig, macht Spaß und ist nie langweilig: barfuß übers warme Gras laufen, Vögel und Grillen hören, große und ganz kleine Tiere beobachten, mal eben ein würzig duftendes Melisseblatt pflücken. Von einigen Abenteuern im Garten wollen wir erzählen. Viele andere wirst du selbst erleben – stille und schöne und spannende.

Sehen im Garten: Wie ein Käfer an einem Tautropfen saugt

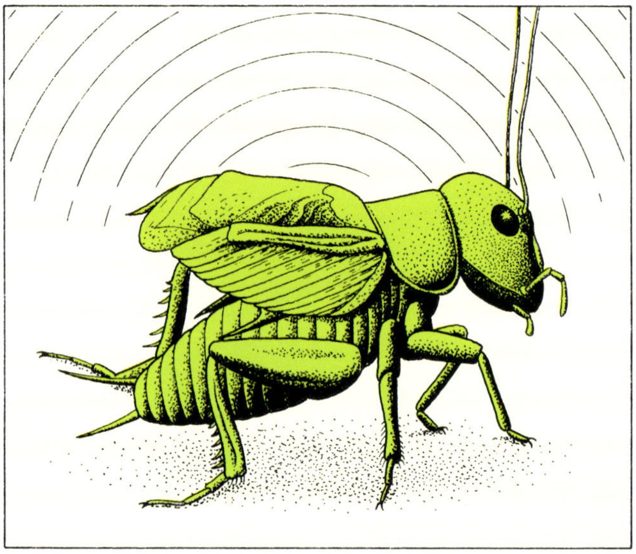

Hören im Garten: Wie die Grille zirpt

Fühlen im Garten: Wenn du barfuß über das Gras läufst

Riechen im Garten: Wie die Zitronenmelisse duftet

Früh am Morgen, wenn die meisten Menschen noch schlafen, singt ein Vogel ganz allein sein Morgenlied. Es ist ein Amselmännchen mit seinem glänzendschwarzen Federkleid und dem leuchtend orangefarbenen Schnabel. Es sitzt auf dem höchsten Zweig des Holunderstrauchs oder in einem Baumwipfel, umwirbt sein Weibchen mit süßen Dreiklängen und Tonleitern und warnt gleichzeitig alle Nebenbuhler: Das hier ist mein Revier! Die Amsel ist der erste Sänger am Morgen und der letzte am Abend. Und sie singt so schön wie kein anderer Vogel im Garten: Das Amsellied hat 150 Strophen! Eine davon hört sich genauso an wie eine Melodie aus einem Violinkonzert von Beethoven. Ob der große Komponist wohl der Amsel gelauscht hat, bevor er diese Musik schrieb?

Nicht viel Zeit zum Singen haben die Meisen. Die kleinen Kerlchen sind aufopferungsvolle Eltern: Den ganzen Tag jagen sie für ihre Jungen nach zarten Raupen und nahrhaften Fliegen, Läusen und Spinnen. Wer viel Geduld hat, zählt mit: Ein Kohlmeisenpaar fliegt pro Tag 900mal zu seinem Nest und füttert seine Brut.

Die Stare fallen als letzte ins Morgenkonzert der Vögel ein. Sie können sehr schön singen – vor allem, wenn eine Amsel in der Nähe ist. Stare lieben es nämlich, Geräusche nachzuahmen. Sie pfeifen wie eine Eisenbahn oder flöten wie eine Amsel – je nach „Vorlage“. Aber noch erstaunlicher als ihre Stimmkünste ist ihre Art, Nester zu bauen.

Für alle Vögel sind Parasiten ein Problem. Das sind Milben oder Zecken, die sich in einem Nest festsetzen und nur darauf warten, daß die Jungen geschlüpft sind. Dann saugen sie das Blut der Kleinen und plagen sie sehr. Der Star, der gerne ein gebrauchtes Nest vom Vorjahr übernimmt, hat eine spezielle Methode zur Parasitenbekämpfung erfunden: Er sammelt Heilkräuter und baut sie in sein Nest ein. In der Kinderstube der Stare kannst du deshalb die Blätter von Schafgarbe, wilder Möhre und Odermennig entdecken; das sind lauter Pflanzen, die stark riechen und die Entwicklung von Schädlingen bremsen. Aber bitte sieh erst nach, wenn die jungen Stare ausgeflogen sind!

Was die Blumenwiese erzählt

Wo im Garten eine Blumenwiese blühen darf, da wimmelt es vor Leben. Butterblumen und Wegerich, Vogelmiere und Löwenzahn ziehen bunte Falter an. Sie lassen sich auf den nach Nektar duftenden Blüten nieder und rollen ihren Rüssel aus. Dann stecken sie ihn in die Blüte, wie du einen Strohhalm in die Limonade.

Ameisen schleppen abgestorbene Blätter und Zweige, doppelt so groß wie sie selbst. Wenn sie vor deinen Füßen in einem Loch im Boden verschwinden, dann stehst du auf einer ganzen Stadt: Unter dem Boden haben die Ameisen ein meterlanges Labyrinth von Gängen und Höhlen angelegt. Sie heizen mit Sonnenenergie: Ihre Puppen und Eier legen die Ameisen besonders gern unter große, flache Steine, die von der Sonne erwärmt werden.

Ameise

An einem Distelblatt oder am Wiesenschaumkraut klebt ein weißes Klümpchen Schaum. Das ist der „Kuckucksspeichel“. Er stammt aber nicht vom Kuckuck, sondern von einem winzigen Tier, das einer Heuschrecke ähnelt. Dieses Wesen, die Schaumzikade, schützt sich raffiniert vor heißer Sonne, vor Vögeln und hungrigen Insekten. Die Larve bohrt den Pflanzenstengel an und mischt den austretenden Saft mit eigenen Ausscheidungen zu einer Art Seifenwasser. Dann pustet sie Luft hinein, bis das Seifenwasser schäumt. In diesem Schaumhaus lebt die Larve gemütlich und sicher, bis aus ihr eine Schaumzikade schlüpft.

Auf deiner Wiese findest du ganz verschiedene Gräser: Das Lieschgras, das aussieht wie eine Flaschenbürste; die Rasenschmiele, die verzweigt ist wie ein Baum; die Segge mit ihren rasiermesserscharfen Blättern. Die Blüten der Taubnesseln

kannst du vorsichtig abzupfen und aussaugen; der Nektar schmeckt süß wie Honig. Kein Wunder, daß Bienen und Hummeln so wild darauf sind!
An trockenen, sonnigen Flecken lauern schwarze Wolfsspinnen auf Beute. Sie tun dir nichts. Aber wehe, wenn sich eine unvorsichtige Blattlaus in ihre Nähe verirrt! Im Gras kannst du die Kinderstube einiger Spinnenarten entdecken. Es sind kunstvoll gewobene Zelte, in denen die kleinen Spinnen geschützt groß werden.
Zu jeder Tageszeit hat die Blumenwiese andere Bewohner. In der Morgendämmerung traut sich der Regenwurm aus dem Boden, und die Schnecke zieht ihre schleimige Spur. Am Tag gaukeln die Falter, und unzählige Insekten brummen um die offenen Blüten. Der Igel schnauft bei Einbruch der Dunkelheit durchs Gras. Nachtschwärmer schweben über den schlafenden Pflanzen, und die Fledermaus jagt nach Motten und Schnaken.

Braune Wegschnecke

Eine bunte Blumenwiese …

Die Nahrungskette

Wenn du die Blumenwiese beobachtest, kannst du verstehen, was sie erzählt. Sie ist mitten im Garten zur Heimat für bedrohte Wildtiere geworden. Bis zu 2000 verschiedene Tierarten finden hier Nahrung und Lebensraum. Die Blumenwiese erzählt vom Boden und vom Zustand der Umwelt. Wo die scharfkantige Segge gedeiht, ist der Boden naß. Wo der Löwenzahn fast alle anderen Blumen verdrängt, da ist zu viel gedüngt worden. Wo Sauerampfer und Hundskamille wuchern, ist der Boden sauer – vielleicht vom sauren Regen. Wo Brennessel und Wegwarte, Vogelmiere und Ehrenpreis und viele verschiedene Kräuter und Gräser gedeihen, und wo du einen bunten Sommerblumenstrauß pflücken kannst, da ist der Boden gesund.

Vom Fressen und Gefressenwerden

Welche Beeren, Blumen und Gemüse im Garten wachsen sollen, bestimmt der Mensch. Wilde Pflanzen („Unkraut"), Insekten, Vögel und andere Tiere kommen von allein. Aber sie sind nicht zufällig da: Sie brauchen sich gegenseitig – als Nahrung, zum Bestäuben oder als Nistplatz. So kann das Tagpfauenauge seine Eier nur auf einer Brennnessel ablegen, denn die Raupen fressen ausschließlich die haarigen Blätter dieser Pflanze. Die Larven des Marienkäfers sind nicht besonders schnell auf den Beinen. Deshalb haben sie sich auf Beutetiere spezialisiert, die noch langsamer sind: Sie fressen Blattläuse in Mengen, weshalb sie auch „Blattlauslöwen" heißen. Den Raupen des Kohlweißlings schmecken die Blätter vom Blu-

... und ein gepflegter Rasen

menkohl und vom Weißkraut besonders gut. Und die Meise pickt eifrig die Raupen weg.
So ist jede Pflanze der „Wirt" für bestimmte Insektenarten, und jedes Insekt hat seine natürlichen Feinde. Dieses System von Fressen und Gefressenwerden nennt man „Nahrungskette". Am Anfang steht die Pflanze: Eine Tomatenstaude wird von der Weißen Fliege befallen; die Spinne fängt die Weiße Fliege; der Vogel frißt die Spinne. Nahrungsketten können sich auch verzweigen und viele Kreuz- und Querverbindungen haben: Der Vogel frißt nicht nur die Spinne, sondern auch die Weiße Fliege. Und er pickt reife Tomaten an. Nahrungsketten und Nahrungsnetze kannst du selbst entdecken, wenn du das Leben im Garten genau beobachtest.
Geschickte Gärtner machen sich das Fressen und Gefressenwerden zunutze. Sie fördern die Tiere, die ihnen nützlich sind – Marienkäfer, Schwebfliegen, Spinnen, Vögel. Diese Tiere fressen dann alles auf, was den Beeren, Salaten, Obst und Gemüse gefährlich werden könnte. Was du tun kannst, um Nützlinge zu fördern, steht in dem Kapitel über den Nutzgarten in dem Abschnitt „Von Salatfressern, Wurzelbeißern und Erbsenbohrern".
Auch der Mensch ist an dieser Nahrungskette beteiligt, gewissermaßen als Schlußlicht: Was gibt es im Garten Schöneres, als süße Erdbeeren zu essen, Zuckererbsen zu pflücken, Salat zu schneiden oder sonnenwarme Tomaten zu ernten?

Die phantastische Verwandlung eines Hinterhofs

Viele Menschen, die in der Stadt wohnen und aus ihrem Fenster auf einen grauen Hinterhof schauen, träumen von einem richtigen Garten. Da ist nur Platz für Mülltonnen und Autos, aber kein Platz für Blumen und Kinder. So mancher Hinterhof hat sich schon phantastisch verwandelt.

So sehen viele Hinterhöfe in unseren Städten aus…

Der Hausbesitzer muß seine Erlaubnis geben, dann können grüne Pflanzen graue Steine verzaubern. Alle Hausbewohner machen mit: Häßliche Teerdecken werden aufgerissen, Wiese wird gesät oder Pflaster verlegt, durch dessen Fugen der Regen die Erde tränken kann. Blühende Kletterpflanzen schlingen ihre grünen Arme um das Mülltonnenhäuschen. Beete mit Blumen, Gemüse und duftenden Kräutern, ein gemütliches Plätzchen zum Sitzen und Reden, Sand und Steine zum Buddeln und Spielen. Jetzt ist der triste Hinterhof nicht mehr wiederzuerkennen.

Am spannendsten aber ist es, zu beobachten, welche neuen Bewohner ohne Zutun des Menschen, ohne Hausbesitzer und Baugenehmigung in den grünen Gartenhof einziehen. Ganz zeitig im Frühjahr streckt der Huflattich seine gelben Köpfchen zwischen Sand und Steinen hervor. Rispengras, Gänsedistel und die blaublühende Wegwarte erobern Wegränder und Fugen. Die silbergrauen, pelzigen Blätter der Königskerze schieben sich aus einem schmalen Spalt. Rotglänzende Marienkäfer und die harmlosen Schwebfliegen, die sich mit einem Wespenkleid tarnen, finden den Weg in den verzauberten Hinterhof. Der Wind weht einen kleinen Schmetterling zwischen die Häusermauern, eine Amsel sucht nach Futter. Von Tag zu Tag kommen neue Tierarten – keimen Samen, die der Wind herbeigetragen hat. Aus dem grauen Hinterhof ist ein grüner, blühender Garten geworden.

Ein Baum wächst in die Zukunft

Wenn in früheren Zeiten ein Kind geboren wurde, pflanzte der Vater einen Baum. Das ist ein schöner Brauch, den viele Eltern heute wiederentdecken. Wenn sie einen Apfelbaum aussuchen, kann das Kind schon Äpfel ernten, wenn es in die Schule kommt. Bäume wachsen schneller als Kinder, und sie werden älter als wir Menschen.

... und so könnte euer Hinterhof auch aussehen

Die ökologischen Funktionen des Apfelbaums

Sauerstoff- und Feuchtigkeitserzeuger

Wohnung für den Steinkauz

Nistplatz für Vögel

Ein Baum schenkt dem Gärtner aber noch viel mehr als Äpfel. Ein Baum ist eine Wunderwelt für sich. In seiner Krone leben Tausende von Tieren: Vögel, Baumschläfer, vielleicht sogar eine Fledermaus, wenn der Baum alt und hohl ist. Und so viele Insekten, daß sie nicht zu zählen sind. Sie alle leben in dem Baum und von dem Baum. Seine Blüten, Blätter und Früchte geben Nahrung und Schutz.

Im Sommer kannst du in seinem kühlen Schatten sitzen. Die Blätter des Baumes filtern Staub und Gifte aus der Luft. Eine ausgewachsene Buche kann pro Jahr eine ganze Tonne Schadstoffe an der Oberfläche ihrer Blätter festhalten. Unter einem Baum ist die Luft angenehm feucht. Bis zu 400 Liter Wasser verdunsten an einem schönen Sommertag aus seinen Blättern. Wie jede Pflanze wandelt der Baum Kohlendioxid um und stellt Sauerstoff her, den wir zum Atmen brauchen. Es ist kaum zu glauben, welche Menge so ein großer, alter Baum produziert: 4,6 Tonnen Sauerstoff im Jahr, das sind 4600 Kilogramm.

Im Herbst fallen die Blätter des Baums zu Boden. Sie sind Nahrung für Bodenlebewesen und verrotten zu fruchtbarem Humus. An den Zweigen kannst du jetzt schon die Knospen erkennen, die Blätter und Blüten für das nächste Jahr in sich bergen. Auch im kommenden Sommer wird der Baum wieder Blüten und Früchte haben, wird er ein luftiges Versteck und ein schattiger Spielplatz sein.

Beobachten und Forschen im Garten

Zwei wache Augen und ein wenig Geduld sind das Wichtigste, was du zum Beobachten und Forschen im Garten brauchst. Wo hat die Amsel ihr Nest versteckt? Welches Tier bohrt die Löcher in die Radieschenblätter? Wie sehen die Eier eines Marienkäfers aus? Wer solche Rätsel lösen will, der muß eine Zeitlang stillsitzen können, schauen, lauschen, suchen. Wenn du Vögel und Säugetiere beobachten möchtest, kannst du ein Fernglas benutzen. Es muß gar nicht besonders stark sein. Starke Ferngläser sind oft sehr schwer und lassen sich auf kurze Entfernungen schlecht einstellen. Ein Glas mit 8- oder 9facher Vergrößerung und

Durch ein Fernglas kannst du Vögel im Nest beobachten

einem Objektiv mit 30 oder 40 Millimetern ist gerade richtig.
Mit einer Lupe kannst du auch sehr kleine Insekten ganz genau anschauen. Was für haarige Beine doch so eine Wolfsspinne hat! Und die Freßwerkzeuge des nützlichen Marienkäfers sehen vergrößert auch nicht mehr so harmlos aus. Am besten besorgst du dir eine Lupe mit 10- bis 15facher Vergrößerung. Eine Lupe, die direkt an ihrem Etui befestigt ist, wird nicht so leicht beschädigt, weil du sie nach jedem Gebrauch gleich wieder einklappen kannst. Dann bekommt die empfindliche Linse keine Kratzer ab.
Wenn du gerne fotografierst, kannst du im Garten aufregende und schöne Fotos machen. Motive gibt es genug: Tautropfen, die das Radnetz einer Kreuzspinne versilbern, zwei Libellen auf ihrem Hochzeitsflug über dem Gartenteich, vielleicht sogar ein Specht, der ausnahmsweise den Garten besucht. Eine Polaroidkamera entwickelt die Bilder sofort, und du kannst gleich sehen, welcher Schnappschuß dir gelungen ist.
Wenn du ein begeisterter Gartenfotograf bist, lohnt sich die Anschaffung einer teureren Kamera, bei der man die Objektive auswechseln kann. Mit einem Normalobjektiv und Vorsatzlinsen kannst du schöne Nahaufnahmen machen. Die tollsten Nahaufnahmen gelingen mit einem speziellen Makroobjektiv. Ein Teleobjektiv holt weiter entfernte, scheue Tiere ganz nah vor den Fotoapparat. Kamera und Objektiv sind nicht billig. Aber wenn du sehr auf sie aufpaßt, kannst du viele Jahre Freude daran haben.
Hat es heute nacht geregnet? Oder ist es nur ein wenig Tau, der auf den Grasspitzen glitzert? Mußt du heute abend gießen? Woher weht der Wind, kommt vielleicht ein Gewitter? Auf solche

Unter der Lupe kann man alles genau sehen

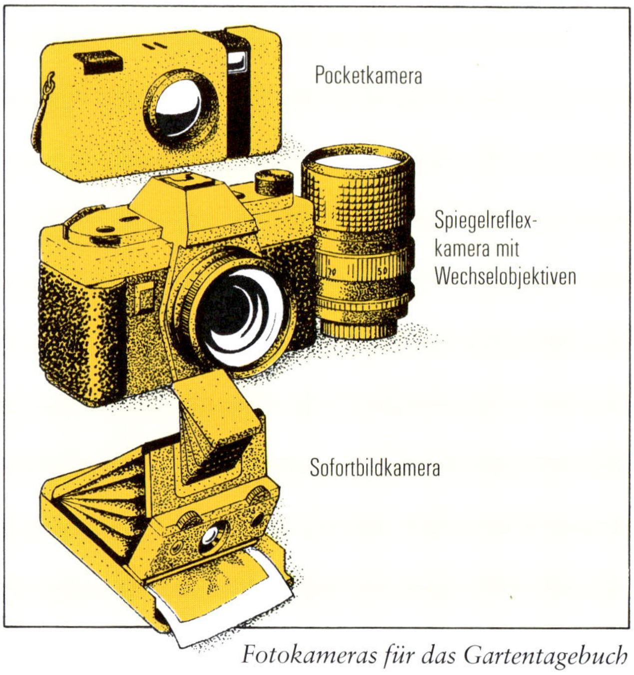

Fotokameras für das Gartentagebuch

Fragen bekommst du Antwort, wenn du eine kleine Wetterstation im Garten hast. Man kann sie fertig kaufen, aber es macht mehr Spaß, sich die einzelnen Geräte zu besorgen und ein Gehäuse zu basteln. Laß dir dabei von einem Erwachsenen helfen, denn die Geräte sind fein und empfindlich.
Ein Regenmesser aus durchsichtigem Kunststoff kostet nicht viel. Er wird auf einem alten Besenstiel befestigt und im Freien aufgestellt. Morgens und nach jedem Regenguß kannst du nachsehen, wieviel Wasser vom Himmel gekommen ist. Wenn es ein oder zwei Zentimeter Niederschlag waren, ist nur die Oberfläche der Beete naß – bis an die Wurzeln ist das Wasser nicht gedrungen. Du weißt jetzt also, daß die Pflanzen gegossen werden müssen, obwohl es geregnet hat.
Aus einer sauberen Konservendose und einem alten Trichter kannst du dir den Regenmesser selbst bauen. Der Deckel der Dose muß glatt herausgeschnitten werden. Der Trichter soll genau den gleichen Durchmesser haben wie die Dose. Hänge ihn in die offene Dose und befestige den Regenmesser im Freien so, daß ihn der Wind nicht umwehen kann. Wenn du den Niederschlag messen willst, nimmst du den Trichter aus der Dose und mißt mit einem Zollstock nach. Danach wird das Wasser ausgeleert.

Eine Wetterstation

Ein Hygrometer zeigt die Luftfeuchtigkeit an. Wenn sie sehr hoch ist – ab 70 Prozent – ist es schwül. Oft kommt dann ein Gewitter.
Das Barometer zeigt Schwankungen im Luftdruck an. Steigt der Luftdruck, klettert das Barometer auf „schön". Fällt der Luftdruck, wird es ein paar Stunden später regnen oder schneien.
Auch ein Thermometer gehört in deine Wetterstation. Es muß die hohen Temperaturen im Sommer und den Frost im Winter aushalten können. Besonders interessant wird die Beobachtung der Temperatur, wenn du ein Minimum-Maximum-Thermometer hast. Das gibt es beim Optiker, wie alle anderen Wettergeräte, oder im Gartenfachgeschäft. So ein Spezial-Thermometer zeigt nicht nur an, wie warm oder kalt es jetzt gerade ist. Du kannst außerdem ablesen, wie tief die Temperatur in der Nacht gesunken ist, oder wie heiß es mittags war.
Thermometer, Barometer und Hygrometer müssen an einem schattigen und wettergeschützten Platz aufgehängt werden. Du kannst ein kleines Holzhäuschen für sie basteln. Das Dach braucht eine Auflage aus Dachpappe, damit es auch wirklich keinen Regen durchläßt. Die ganze Wetterstation hängst du in einer geschützten Gartenecke auf. Du kannst die höchsten und niedrigsten Temperaturen, den Luftdruck, die Luftfeuchtigkeit und die Niederschlagsmenge täglich in ein Notizbuch schreiben.
So bekommst du mit der Zeit ein eigenes Wettertagebuch. Es ist ein Ratgeber für viele Gartenfragen: Kann ich schon die empfindlichen Erbsen säen, oder gab es im vergangenen Jahr um diese Zeit noch Nachtfröste? Ist die Erde schon warm genug für Bohnen, oder waren die vergangenen Tage zu kühl? Wann spätestens sollten die Tomaten abgeerntet werden, damit sie nicht erfrieren? Als Wetter-Experte weißt du Bescheid.

Entdeckungsreise durch deinen Garten

Jeder Garten ist anders. Hast du euren Garten eigentlich schon einmal richtig angeschaut? Weißt du, welche Unkräuter hier besonders oft vorkommen? Kannst du auch nur ungefähr schätzen, wie viele Insekten es gibt? Unternimm doch einmal eine Entdeckungsreise durch den Garten und schreib auf, was du gesehen und gehört hast, was du riechen und fühlen konntest. Oder male ein Bild von eurem Garten. Wetten, daß du Tiere und Pflanzen entdeckst, die du noch nie zuvor gesehen hast?

Die Tiere im Garten

Selbst im kleinsten Gärtchen mitten in der Großstadt gibt es Spatzen, Amseln, Kohlmeisen und vielleicht auch Tauben. Manchmal finden hier sogar Grünfinken her, oder ein Specht aus dem nahegelegenen Park. Viele Vögel haben in den letzten Jahren gelernt, wie sie auch zwischen Häusermauern überleben können. Andere, wie die Heckenbraunelle oder die Goldammer, sind nur in Gärten auf dem Land zu Gast. Sie brauchen Hecken, Wiesen und viel freies Land als Lebensraum.

Deutsche Wespe

Wenn du nicht sicher bist, was für einen Vogel du eben gesehen hast, dann schreibe oder zeichne genau auf, wie er ausgesehen hat: seine Größe und Form, die Farbe von Flügeln und Bauch, von Kopf und Schnabel. Hatte er einen starken, dicken Schnabel zum Knacken von Körnern und Samen oder einen feinen spitzen für die Insektenjagd? Später kannst du in einem guten Bestimmungsbuch nachschlagen, was für einen gefiederten Gast du hier entdeckt hast.

Maus, Maulwurf, Eichhörnchen und Baumschläfer, Igel und Wiesel sind Meister im Verstecken. Suche nach Spuren, horche auf Geräusche: War es ein Eichhörnchen, das eben im Haselnußbusch geraschelt hat? Ist es der Igel, der in der Dämmerung unter der Hecke immer so schmatzt und schnauft?

Unzählige Insekten schweben und flattern an einem schönen Sommertag durch den Garten. Hummeln, Wespen und Bienen sind gerngesehene Besucher. Wenn du die Bienen einmal genau anschaust, entdeckst du vielleicht eine, die ganz anders aussieht als eine Honigbiene. Das kann eine Mauerbiene sein, die selber Zement macht und in Steinritzen damit Zellen baut. Oder eine Klatschmohn-Mauerbiene, die ihre Nester mit Mohnblütenblättern auskleidet. Oder eine Blattschneiderbiene, die aus einem Stück vom Rosenblatt eine Kinderwiege formt. Mehr als 20 000 Arten von Bienen gibt es auf der Welt, die kleinste ist kaum zwei Millimeter, die größte vier Zentimeter lang!

Honigbiene

Schwebfliege

Zitronenfalter und Raupe auf einem Faulbaum

So erstaunlich vielfältig wie die Bienen sind auch andere Insektenfamilien: Fliegen sind getupft, gestreift oder einfarbig; Schwebfliegen sehen fast so aus wie Wespen; Käfer schimmern schwarz, grün oder goldbraun. Und die Schmetterlinge leuchten in allen Regenbogenfarben. Auch Raupen und Läuse, Wanzen und Spinnen, Ameisen, Schnurfüßer und Würmer gehören in den Garten. Nicht alle sind hübsch oder niedlich, aber sie sind wichtig. Jedes Tierchen hat eine Aufgabe: Es bestäubt Blüten oder räumt Abfälle weg, es frißt Pflanzen, dient anderen Tieren als Nahrung. Im Garten wird jede der vielen Insektenarten gebraucht.

Auch Tiere, die den Gärtner ärgern, können im Garten wichtig sein. Das gilt zum Beispiel für die Schnecken. Sie gehören zu den „Müllmännern" des Gartens, denn Schnecken fressen am liebsten angewelkte Blätter, Blüten und Früchte. Sie helfen also, den „Abfall" wegzuräumen. Schnecken richten erst dann im Garten Schaden an, wenn sie sich übermäßig vermehren und auch gesunde Pflanzen anknabbern. In der Kompostecke dagegen sind Schnecken wichtig, denn sie gehören zu den Tieren, die Laub und Stengel kleinbeißen und dafür sorgen, daß aus Gartenabfällen guter Kompost wird.

„Unkraut" im Garten

Die Pflanzen in deinem Garten sind die nächste Station auf deiner Entdeckungsreise. Mindestens ebenso interessant wie das, was der Mensch gepflanzt hat, sind die Blumen und wilden Kräuter, die ganz von alleine wachsen. Sie heißen üblicherweise „Unkräuter", weil sie im Garten nicht gerne gesehen sind, denn sie nehmen den Kulturpflanzen Licht und Nahrung weg. Wir nennen sie trotzdem lieber Wildkräuter, denn es sind ja wilde, nicht vom Menschen gezüchtete Pflanzen, die in der Natur frei wachsen.

Im Garten müssen Wildkräuter immer dann gejätet werden, wenn sie stören, wenn Kulturpflanzen unter ihrer engen Nachbarschaft leiden. Wo sie nicht stören, dürfen und sollen sie frei wachsen. So ein Plätzchen ist die „wilde Ecke", von der wir im gleichnamigen Abschnitt berichten.

Die Wildkräuter haben im Garten wichtige Aufgaben. Sie können für den Gärtner „Zeigerpflanzen" sein, das heißt, sie zeigen an, wie es um den Gartenboden bestellt ist. Eine einzelne Pflanze sagt noch nicht viel aus, aber wenn sich ganz bestimmte Nachbarn zusammentun, kannst du sehen, wie die Erde hier beschaffen ist. Einige wichtige Zeigerpflanzen-Gruppen sind folgende:

- Brennessel, Vogelmiere, Ehrenpreis, Echte Kamille: Kompliment, der Gartenboden ist in ausgezeichnetem Zustand. Er ist voller Humus und wimmelt von Bodenlebewesen.
- Ackerschachtelhalm, Löwenzahn, Distel, Ackerminze, Quecke, Wegerich: Man findet sie oft auf Neubaugrundstücken, wo kurz zuvor noch die schweren Baumaschinen gefahren sind. Der Boden ist schwer und durch den Druck der Maschinen verdichtet.
- Klatschmohn, Königskerze, Vogelmiere: Die Erde enthält viel Sand und ist sehr leicht. Sie braucht viel guten Kompost.
- Franzosenkraut, Melde, Hirtentäschel, Brennnessel, Giersch: Dieser Boden enthält viele Nährstoffe, vor allem Stickstoff. Hier wurde viel gedüngt. Im Herbst besser nicht düngen.
- Hederich, Hohlzahn, Sauerampfer, Ackerschachtelhalm: Hier fehlt Kalk, und der Boden ist sauer. Der Kalk wird im Herbst dünn auf den Boden gestreut.

Brennessel

Quecke

Vogelmiere

Viele Tiere brauchen Wildkräuter als Kinderstube, als Futterpflanze oder als Versteck. Wunderschöne Schmetterlinge wie das Tagpfauenauge würden einfach verschwinden, wenn ihre Wirtspflanzen, zum Beispiel Brennessel und Ackerdistel, überall ausgerottet würden. Wildkräuter sind viel zu schade zum Wegwerfen: viele sind zugleich auch Heilkräuter. Die Wurzelstöcke der Quecke werden getrocknet, und daraus wird Tee gegen Nierenentzündungen und Rheuma gekocht. Die Blätter des Spitzwegerichs ergeben einen fabelhaften Hustentee. Die jungen Blättchen von Vogelmiere, Giersch und Löwenzahn werden wie Spinat gedünstet und sind ein vitaminreiches Frühlingsgemüse. Und aus dem Sauerampfer kann man eine delikate, gesunde Suppe kochen.

Hirtentäschelkraut

Giersch

Spitzwegerich

Breitwegerich

Löwenzahn

Ein Garten in der Großstadt

In allen Gärten gibt es Vögel, Säugetiere, Insekten und Pflanzen, die ohne Zutun des Menschen hierhergekommen sind. Jede Tier- und Pflanzenart braucht einen ganz bestimmten Lebensraum. Die einen fühlen sich auf einer heißen, trockenen Mauer wohl, die anderen brauchen einen Sumpf. Einige haben sich an das Leben in der Stadt angepaßt, wieder andere können nur in einer weiten Heidelandschaft leben.

Im Großstadt-Garten siedeln sich „Unkräuter" an, deren Samen gut fliegen können. Wie fliegende Untertassen schweben die kleinen Schirmchen von Löwenzahn und Distel durch die Luft. Andere Samen werden von den Vögeln eingeschleppt. Sie fressen die Samen, verdauen sie aber nicht. Oder sie ernähren sich von süßen Früchten wie Holunderbeeren und scheiden die Kerne mit

Ackerdistel

Sauerampfer

ihrem Kot wieder aus. Manchmal verlieren Vögel auch auf dem Weg in ihr Nest Kerne und Früchte. Dann wachsen Holunderbüsche und blühen Sonnenblumen an den unglaublichsten Stellen.

Ein Garten in der Vorstadt

Am Rande der großen Städte ist der Artenreichtum in den Gärten noch größer – vorausgesetzt, Insekten und Wildkräuter werden nicht mit der Giftspritze ausgerottet. Im Winter finden sich auch seltene Waldvögel ein, wenn sie hier Futter finden. Lieber als das Vogelhäuschen sind ihnen allerdings Samen von Stauden, die über Winter stehenbleiben dürfen. Was Wind und Vögel an Pflanzensamen herschleppen, ist bunt und vielfältig. Da kann es auch vorkommen, daß so schöne Ackerwildkräuter wie der rote Klatschmohn und die blaue Kornblume darunter sind.

Roter Klatschmohn und blaue Kornblume

Ein Garten auf dem Land

Ein Garten, in dessen Nähe es Obstwiesen, Weiden, Äcker und Wälder gibt, wimmelt von vielfältigem Leben. Aber nicht jeder Samen geht auf, den der Wind herträgt. Nicht jede Wildpflanze, die draußen gedeiht, fühlt sich auch im Garten wohl. Das liegt an der Erde, die der Gärtner liebevoll pflegt. Viele Wildpflanzen mögen sie nicht. Im Garten auf dem Land können auch unerwünschte Gäste wie Wühlmäuse oder Schnecken in hellen Scharen anrücken und lästig werden.
Wird ein Teich neu angelegt, so muß der Gartenbesitzer meist nicht lange auf Laufkäfer und Frösche warten. Es kann sogar passieren, daß eines Tages Fische im Teich schwimmen – Kilometer vom nächsten Bach oder See entfernt. Das haben Vögel verursacht, die aus dem Teich trinken: Sie können an den Füßen Fischlaich mitschleppen.

Jeder Garten ist anders

Ob mitten in der Stadt, im Hinterhof oder auf dem Land – jeder Garten hat „wilde" Bewohner, die zu entdecken und zu beobachten lohnt. Am Ende deiner Entdeckungsreise weißt du mehr über deinen Garten, seine flüchtigen Besucher und seine dauerhaften Gäste.
Vielleicht findest du, daß dein Garten gerade richtig ist für dich und deine Familie, und alles kann so bleiben, wie es ist. Vielleicht aber sieht dein Traumgarten ganz anders aus – bunter oder wilder, mit mehr Tieren und Pflanzen oder was du dir sonst ausdenken magst. Wenn das so ist, dann ist der nächste Abschnitt für dich bestimmt.

Dein Traumgarten

Ein schöner Garten kann immer noch ein bißchen schöner werden. Jeder in der Familie hat seine eigenen Wünsche für den Garten: Einer mag Blumen, dem anderen sind die Beeren am wichtigsten, eine Wiese zum Spielen und Toben soll da sein, ein Teich wäre schön – und alles muß auf dem begrenzten Platz untergebracht werden, der zur Verfügung steht. Auf der nächsten Seite haben wir viel Raum gelassen für deinen eigenen Gartenentwurf: Hier kannst du deinen Traumgarten gestalten!
Die Zeichnungen von der Hecke, dem Teich, dem Gewächshaus und all die anderen sind zum Durchpausen oder Fotokopieren gedacht. Das ist ein Trick, den richtige Architekten gerne anwenden: Sie zeichnen oder pausen alles, was im Garten

Blumenwiese oder Sportrasen

Wenn im Garten Platz ist zum Toben und Ballspielen, ist ein Sportrasen genau das Richtige. Wenn Gänseblümchen, ein bißchen Klee und niedrige Blumen blühen dürfen, dann ist so ein Sportrasen auch für Insekten ein Anziehungspunkt. Viel besser für alles, was krabbelt und fliegt, ist natürlich eine Blumenwiese, die nur einmal im Jahr gemäht wird. Da kann man bunte Blumensträuße pflücken, Vögel, Insekten, Schmetterlinge beobachten, nach Heilkräutern suchen. So eine Blumenwiese ist einen ganzen Sommer lang aufregend. Nur Toben und Ballspielen kannst du hier nicht immer. Das geht nur im zeitigen Frühjahr oder nach dem Mähen, wenn kein Vogel mehr auf dem Boden brütet und keine Spinne mehr ihr Brutzelt zwischen Grashalmen aufhängt.

Der Gemüsegarten

Er braucht am meisten Sonne. Deshalb sollte er nicht in der Nähe großer Bäume oder hoher Wände liegen, die viel Schatten werfen. Auch direkt an der Straße sollte der Gemüsegarten nicht liegen, damit die Abgase sich nicht auf Kopfsalat und Petersilie absetzen. Wenn kein anderer Platz da ist, muß unbedingt eine schützende Hecke zwischen Straße und Garten eingeplant werden. Bekommst du ein eigenes Beet für dich, mit Gemüse, Blumen und Beeren? Das liegt am besten auch im Gemüsegarten. Da gibt es Wege und Wasser. So ist dein Beet einfacher zu pflegen.

Die Hecke

Die beste Schutzwirkung gegen Abgase und Umweltgifte hat eine bunt gemischte Hecke aus Laubgehölzen wie Vogelbeere und Haselnuß, Kornelkirsche und wilden Rosen, die vier Meter breit ist. Wenn kein Raum ist für eine so breite Pflanzung, muß sie schmaler werden. Keinesfalls aber solltest du sie einfach vom Plan streichen: Eine Hecke im Garten ist Nistplatz und Futterstelle für viele verschiedene Vögel und bietet nützlichen Tieren wie dem Igel und der Erdkröte einen Unterschlupf.

Der Teich

In einem Gartenteich, der nicht in der prallen Sonne liegt, fühlen sich besonders viele Tiere und Pflanzen wohl. Ideal ist halb Sonne, halb Schatten. Der Schatten sollte besser von einer Hausmauer kommen als von Laubbäumen. Sie werfen im Herbst ihr Laub in den Teich, und die Blätter sind für das Wasser wie Dünger. Im nächsten Jahr vermehren sich die Algen in einem so gedüngten Teich und verwandeln ihn in eine grüne, vielleicht sogar stinkende Brühe.

Je größer die Wasserfläche ist, desto mehr Tierarten können in deinem Gartenteich heimisch werden. Wenn nur ein ganz kleiner Teich Platz hat, ist er immer noch nützlich für Wasserläufer, Kleininsekten und als Tränke für Vögel.

Bäume

Früher stand neben jedem Haus ein Baum, wie ein aufmerksamer Wächter. Es waren oft Linden oder Nußbäume, die 20 Meter hoch oder höher wurden. Heute ist nicht in jedem Garten Platz für so einen Hausbaum. Aber ein Apfelbaum kann in den meisten Gärten wachsen, und sei es auch nur als Spalierbaum an einer Hauswand. In einem Apfelbaum können 20 000 verschiedene Tiere leben, von der winzigsten Milbe bis zum Vogel. Er spendet Schatten und natürlich Äpfel. Nadelbäume fühlen sich im Garten nicht wohl. Sie leben am liebsten im Wald neben vielen anderen Tannen und Fichten, wo es viel feuchter und kühler ist als in einem Garten.

Ein Platz zum Spielen, Wühlen, Planschen

Eine Schaukel, eine Rutsche, ein Klettergerüst, ein Wigwam, ein Planschbecken wünscht sich jeder in seinem Garten. Wenn dafür aber kein Platz ist oder solche Geräte aus anderen Gründen nicht aufgestellt werden können, kann man sich anders behelfen. Du brauchst dazu nur ein wenig Phantasie: Eine fabelhafte Schaukel ist ein Brett an festen Seilen, das an einem dicken Baumast befestigt wird. Der Ast muß mit dicken Leder- oder Gummistreifen gut gepolstert werden, damit das Seil nicht in den Baum schneidet. Für einen Wigwam brauchst du nur ein paar Stangen und eine Handvoll Bohnensamen. Wie das geht, das kannst du im Kapitel über den Nutzgarten in dem Abschnitt „Ein Wigwam mit eßbarem Anhang“ nachlesen. Ein großer Baum im Garten ist schöner als jedes Klettergerüst. Und viel spannender als ein Sandkasten ist ein Haufen mit Erde, Steinen und alten Brettern. Und statt eines Planschbeckens macht an einem heißen Sommertag auch eine Gartendusche oder eine alte Wanne voller Wasser Spaß.

Eine „wilde Ecke“ für Pflanzen und Tiere

In einer „wilden Ecke“ darf alles wachsen, was sonst aus dem Garten verbannt wird: Brennessel und Giersch, Disteln und alle möglichen Wildkräuter. Hier können unzählige Insekten, Vögel und Kleintiere ungestört nisten und brüten. Eine solche Ecke sollte sich dort ausbreiten können, wo sich kein Nachbar über den Wildwuchs beschwert.

1 Zentimeter im Buch entspricht 1 Meter in deinem Garten

drin sein soll, auf einen eigenen Bogen Papier und schneiden es aus. Die Papierbüsche, -bäume und so weiter werden dann so lange auf dem gezeichneten Gartenplan hin und her geschoben, bis der Traumgarten fertig ist. Du kannst es ebenso machen und dann nach Herzenslust planen, bis dein Garten so schön aussieht, wie er einmal werden soll. Wenn du noch Dinge brauchst, die hier nicht abgebildet sind, malst du sie dir einfach selbst.

Ein Plan wird gezeichnet

Du kannst den großen Plan aus diesem Buch verwenden. Aber vielleicht sieht euer Garten ganz anders aus. Dann mußt du dir, am besten auf kariertem Papier, einen eigenen Plan zeichnen. Laß dir dabei von einem Erwachsenen helfen, damit die Größe und die Form eures Gartens richtig aufgemalt werden. Wenn die äußeren Umrisse auf dem Papier feststehen, wird alles eingetragen, was nicht zu verändern ist: das Haus, das Gartentor, die Terrasse, der Wasserhahn für den Gartenschlauch. Pause dir jetzt so viele Papierbäume, -hecken und -beete durch, wie du haben möchtest, und richte deinen Garten ein.

So wird der Garten traumhaft schön:

Damit dein Garten in Wirklichkeit ebenso schön wird wie der auf dem Papier, gibt es ein paar Dinge zu beachten:

- Ein Baum sieht klein und dünn aus, wenn er gepflanzt wird. Doch er wird jedes Jahr größer und wirft immer mehr Schatten. Pflanze einen Baum da, wo du Schatten haben möchtest. Er darf zum Beispiel nicht in der Nähe von Gemüsebeeten stehen, die volle Sonne brauchen. Aber er kann seine grünen Arme über einen Sitzplatz strecken und hier auch in der größten Sommerhitze angenehm kühlen Schatten spenden.
- Büsche und Bäume dürfen nicht zu nahe an einen Weiher gesetzt werden. Wenn sie im Herbst ihr Laub abwerfen und es ins Wasser fällt, verrottet und verfault es. Viel Laub verdirbt dabei das Wasser eines kleinen Teichs.
- Gemüse wächst unter Bäumen nicht gut. Es braucht den sonnigsten Platz im Garten.
- Himbeeren und Pfefferminze breiten sich stark aus. Im Frühling spitzen ihre Ausläufer überall aus den Beeten heraus. Diese Pflanzen sollten deshalb immer einen größeren Platz ganz für sich bekommen, wo sie ruhig wuchern dürfen.

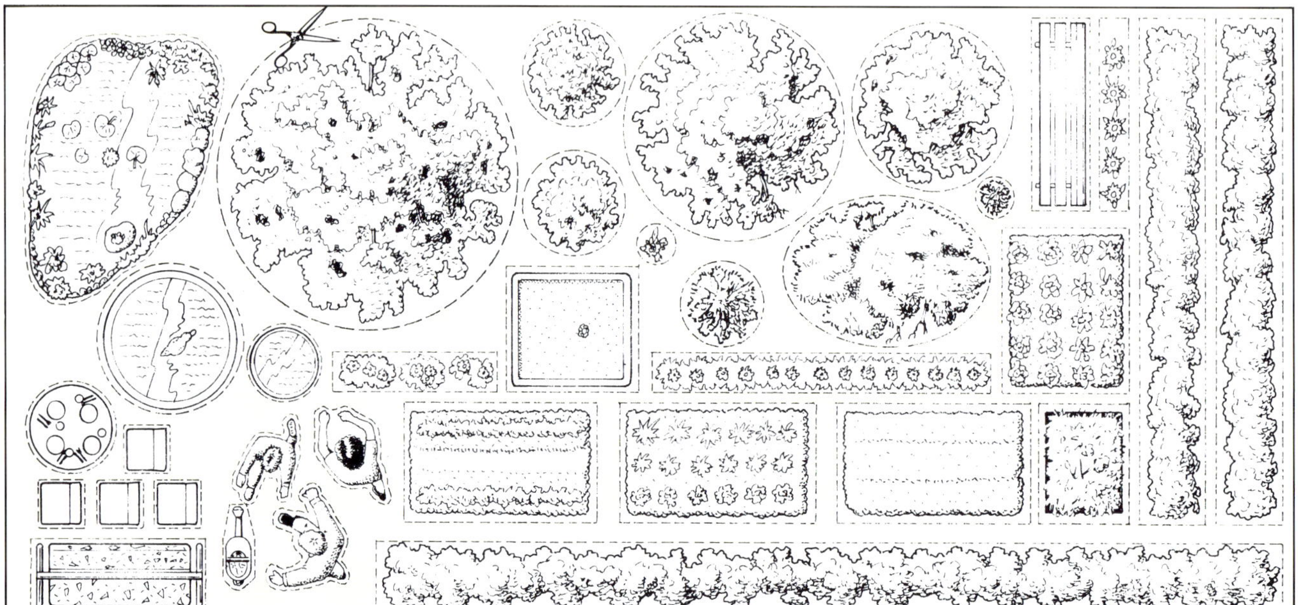

Teile zum Kopieren für deinen Traumgarten

• Manche Pflanzen wachsen nicht gut, wenn sie nahe an ganz bestimmte andere Pflanzen gesetzt werden. Sonnenblumen und Kartoffeln zum Beispiel können sich nicht riechen. Werden sie zueinander gepflanzt, wachsen beide nicht recht oder gehen sogar ein. Darüber, welche Pflanzen sich mögen und welche nicht, findest du mehr in dem Abschnitt „Gärtnergeschichten von Gemüse“.

• Bäume und Sträucher, die im Urwald, im Gebirge oder in Wüstenregionen zu Hause sind, fühlen sich bei uns nicht wohl. Viele Koniferen beispielsweise, die es zu kaufen gibt, stammen aus dem Hochgebirge, wo sie Wind und Wetter trotzen und auf einer hauchdünnen Humusschicht gedeihen. Werden sie im Garten gedüngt und gewässert, werden Pflanzen daraus, die gegen viele Krankheiten empfindlich sind. Auch Tannen und Fichten aus unseren Breiten mögen den Garten nicht. Sie stehen lieber im Wald, wo die Luft feuchter und kühler ist. Heimische Laubbäume und -büsche fühlen sich im Garten dagegen wohl.

• Ein frisch bepflanzter Garten sieht immer etwas dünn besiedelt aus. Das ist ganz normal. Alle Pflanzen brauchen Zeit zum Wachsen. Lasse dich nicht dazu verleiten, Bäume und Sträucher zu eng zu setzen. Schon im nächsten Jahr sind sie größer und üppiger und brauchen Platz, um sich ausbreiten zu können.

Erde ist kein Dreck

Erde ist kein Dreck

Hast du schon einmal Gartenerde in die Hand genommen und sie genau angeschaut? So eine Handvoll Erde ist eine kleine Welt für sich. Mit unseren Augen können wir nur ihre größeren Bewohner und Bestandteile sehen. Wir erkennen glitzernde Sandkristalle, klebrige braune Tonteilchen, ein paar Steinchen. Vielleicht ringelt sich ein Regenwurm, oder eine Assel versucht erschrocken, von deiner Hand zu fliehen – zurück in die Erde, wo es feucht ist und dunkel. Aber da ist noch viel mehr, was du mit den Augen nicht sehen kannst: In einer Handvoll Gartenerde gibt es mehr Lebewesen als Menschen auf der ganzen Welt!

Assel

Diese Lebewesen im Boden sind so winzig, daß sie nur mit einem starken Mikroskop zu sehen sind, wie es Wissenschaftler in ihren Laboratorien haben. Jedes einzelne dieser Millionen von Tierchen, Pilzen und Algen hat seinen Platz und seine Aufgabe. Die wichtigste dieser Aufgaben ist, Nahrung für die Pflanzen vorzubereiten. Blumen, Gräser, Gemüse, Sträucher und Bäume können dann diese Nährstoffe mit ihren Wurzeln aus dem Boden holen.

Gartenerde ist uralt. Vor vielen Millionen Jahren war sie nichts als fester Stein, erstarrte Lava oder Kalk aus dem Gehäuse von Milliarden Urzeitschnecken und Korallen. Frost und Hitze haben das Gestein gesprengt; Wind und Regen schliffen die Kanten rund; Flüsse und Meere haben Steine zu Sand gemahlen. Gartenerde hat von allem etwas: mehlfeinen Staub, pulverisierten Ton und Lehm, Sandkörner und Steinbrocken.

Pflanzen ernähren sich von einzelnen Stoffen, die sie aus der Luft und aus dem Boden holen. Ihre wichtigsten Nährstoffe sind Stickstoff, Phosphor und Kalium. Außerdem brauchen Pflanzen noch Kalk, Eisen, Magnesium und eine Reihe anderer Stoffe in winzigen Mengen. Und so holen Pflanzen Nahrung aus dem Boden: Die meisten Nährstoffe sind in Wasser gelöst. Die nahrhafte Suppe ist in Millionen winziger Höhlen zwischen Sand, Staub und Steinen eingeschlossen. Dorthin tasten sich die feinen Wurzelhärchen der Pflanzen und saugen das Wasser mit den Nährstoffen aus dem Boden. Die Wurzeln können auch breiförmige „Nahrungsmittel“ wie den Kot des Regenwurms aufnehmen.

Die Nährstoffküche im Boden

Für die Herstellung der Nährstoffe sind die Bodenlebewesen zuständig. Sie brauchen dazu Abfälle: verwelkte Blätter, abgestorbene Wurzeln, faulige Früchte, tote Insekten und Tiere, Kot und Urin von Tieren wie zum Beispiel Kuhdung oder Pferdemist. Diese Abfälle werden in der Erde in ihre einzelnen Bestandteile zerlegt – in Stickstoff, Phosphor, Kalium und so fort. Denn diese Nährstoffe sind die Bausteine, aus denen auch Tiere und Pflanzen aufgebaut sind.

Tausendfüßer

Mistkäfer

In der Erde wird also Dünger hergestellt. Jede Art von Bodenlebewesen hat ihre spezielle Aufgabe in dieser komplizierten Düngerfabrik: Asseln, Tausendfüßer, Ohrwürmer und die nur millimetergroßen Springschwänze zerlegen die Pflanzen- und Tierabfälle. Sie wohnen in der obersten Bodenschicht. Für Holz, Insektenpanzer und Horn gibt es Spezialisten, die dieses harte Material aufweichen und vorkauen. Das sind Strahlenpilze und Mikroben.
Diese vorverdauten Abfälle werden von Algen und Amöben, Wimpertierchen und Pilzen, Fadenwürmern und Rädertierchen gefressen. Sie vertilgen auch andere abgestorbene Lebewesen, denn in der Natur bleibt nichts übrig. Alle Reste werden wiederverwendet und nützen einem anderen Lebewesen. So wird in einem großen Kreislauf alles Tote zu etwas Neuem, Lebendigem.
Was die vielen Bodenlebewesen ausscheiden – ihre „Reste" also –, das sind die Nährstoffe, die von Pflanzen zum Wachsen und Blühen gebraucht werden. Erde, die besonders viele Nährstoffe aus Pflanzenresten enthält, nennt man Humus. Pflanzen wachsen besonders gut in einem Gartenboden mit viel Humus.

Der Regenwurm, ein Alleskönner

Charles Darwin, ein berühmter englischer Naturforscher, hat einmal gesagt: Der Regenwurm ist das wichtigste Tier auf der Welt. Das ist nicht übertrieben. Ohne Regenwürmer wäre dein Gartenbeet hart und kalt. Nichts würde mehr richtig wachsen. Regenwürmer arbeiten wie die Heinzelmännchen: lautlos, und ohne daß du es siehst. Was sie da tief unten in der Erde tun, könnte kein Mensch und keine Maschine auf der ganzen Welt leisten.
Der Regenwurm hat eine große Familie. Jedes Familienmitglied ist ein Spezialist auf seinem Gebiet: Im Kompost tummelt sich der dünne rote

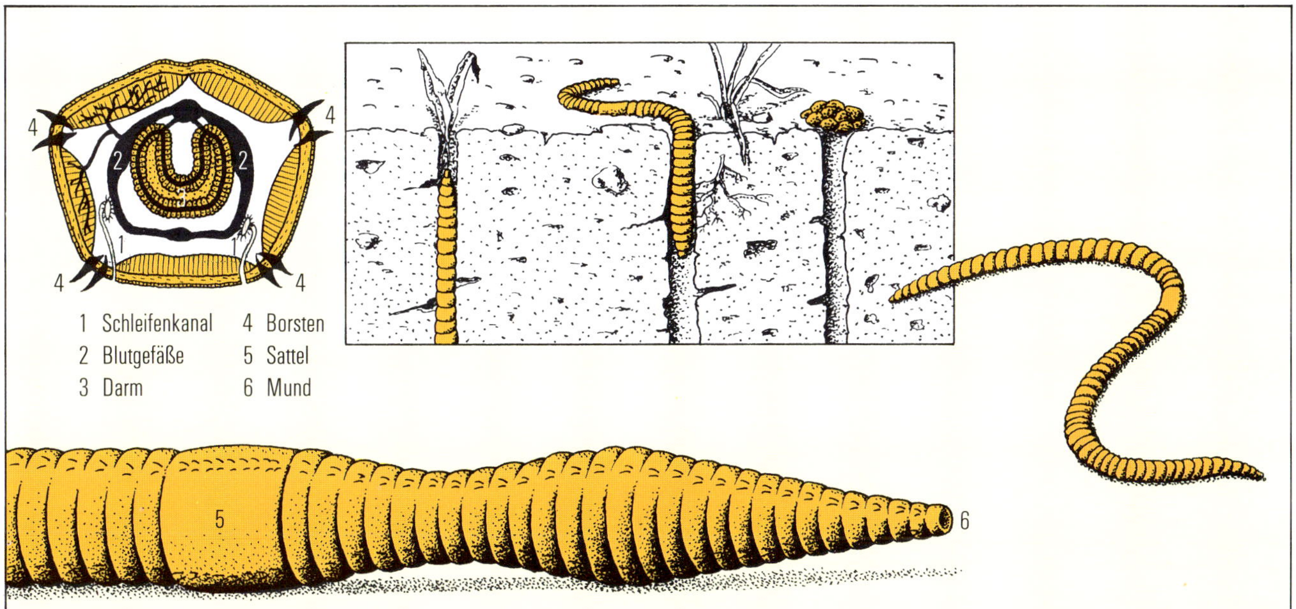

Der Regenwurm

- Regenwürmer sind Müllmänner: Pflanzenabfälle fressen sie einfach auf.
- Regenwürmer sind Düngerfabrikanten: Ihr Kot hat fünf- bis elfmal so viele Nährstoffe wie guter Gartenboden.
- Regenwürmer bauen Klimaanlagen: Sie bohren kilometerlange Röhrennetze in den Boden. Dadurch kommt der Sauerstoff in die Erde, den alle Bodenlebewesen dringend brauchen.
- Regenwürmer sind unterirdische Bagger: Sie wühlen und bohren sich beständig durch den Boden und lockern ihn dabei besser auf, als es ein Mensch könnte.
- Regenwürmer sind ein wichtiges Nahrungsmittel für andere Gartenbewohner: Für Vögel, Maulwürfe und viele andere Tiere sind Regenwürmer eine Delikatesse.

Regenwurm. Sein Vetter, der Mistwurm, baggert sich am liebsten durch Misthäufen und schmückt seine Taille mit auffälligen gelben Ringen. In deinem Gartenbeet lebt der Gemeine Regenwurm. Er ist rosarot und kann so lang werden wie ein Schullineal. Gemein und boshaft ist er natürlich nicht – „gemein“ heißt in der Sprache der Biologen, daß dieser Wurm am häufigsten vorkommt.
Regenwürmer sind ganz schön stark. Wenn du einen auf die Hand nimmst und sie vorsichtig zur Faust schließt, versucht der Regenwurm mit aller Kraft, sich aus der Faust zu bohren. Du spürst etwas von der Kraft, mit der er sich durch die Erde bohrt.
So schlüpfrig, wie er aussieht, ist der Regenwurm gar nicht. Er hat Borsten an seinem Körper, mit denen er sich in seiner Röhre festhaken kann. Die Borsten schützen den wehrlosen Wurm: Deshalb muß ein Vogel an einem Regenwurm ziehen wie an einem festgeklebten Kaugummi. Und nicht immer schafft er es, ihn aus seiner Röhre zu ziehen.
Augen zum Sehen hat der Wurm nicht. Aber alle Blätter zieht er mit der Spitze voran in die Erde, so daß sie besonders leicht rutschen. Eine Nase zum Riechen hat er auch nicht. Aber Salbei und Thymian läßt er verächtlich liegen. Dafür ist er ganz wild auf Kohlreste, Zwiebelschalen und die Blätter vom Kirschbaum. Ohren zum Hören hat dieses erstaunliche Tier auch nicht. Aber wenn Schritte näher kommen, verschwindet es blitzschnell im Boden.
Das Tollste am Regenwurm ist seine eingebaute Humusfabrik. Er schluckt nicht nur Verwelktes, sondern beißt sich auch buchstäblich durch die Erde. Er frißt täglich so viel verwelkte Blätter, Sand und Ton, wie er selbst wiegt. In seinem Darm werden Pflanzenreste und verschluckte Erdbrocken durch ganz spezielle Verdauungssäfte fest miteinander verbunden. Kein anderes Tier kann das, und keine Maschine kann es nachmachen. Der nährstoffreiche Kot sieht nicht unappetitlich aus, sondern ähnelt kleinen Kugeln aus Ton. Die setzt der Regenwurm entweder an die Erdoberfläche, wo du sie morgens finden kannst, oder er tapeziert damit seine Röhren. Dort wird der Superdünger von den feinen Wurzelhärchen der Pflanzen aufgespürt und angezapft. Diesen Dünger bekommt der Gärtner ganz umsonst. In einem biologisch gepflegten Garten von 100 Quadratmeter Größe stellen die Regenwürmer an jedem Sommertag bis zu 30 Kilo Gratisdünger her!
Regenwürmer sind sehr empfindlich gegen sauren Regen. Wenn der Boden zu sauer wird, wandern die Würmer aus. Deshalb ist es wichtig, regelmäßig den pH-Wert, das ist der Säuregrad des Bodens, zu messen. Wie das gemacht wird, erklären wir später in diesem Kapitel. Wenn der Boden zu sauer ist, muß er Kalk bekommen, damit die Regenwürmer dableiben.
Wenn du die Regenwurmschar vermehren willst, mußt du ihr ordentlich zu essen geben. Am liebsten mögen sie auf den Beeten eine dünne Schicht aus geschnittenem Gras, aus welken Blättern oder Blumen. Auch Kaffeesatz und Teeblätter fressen sie sehr gern. Das alles wird dünn zwischen den Gemüsepflanzen und den Blumen verteilt. Beete, die so bedeckt sind, mußt du auch viel seltener gießen. Man nennt diese schützende Decke aus Pflanzenresten Mulchschicht.
Regenwürmer zu zerschneiden ist keine Methode zur Vermehrung, sondern nur Tierquälerei. Es stimmt nicht, daß sich aus jedem Teil ein neuer Wurm bildet. Das kann nur eines der beiden Stücke. Das andere stirbt ab.

Das geheimnisvolle Leben der Pflanzen

Pflanzen nehmen aus der Erde Nährstoffe auf. Sie können aber noch etwas anderes, wirklich Einmaliges: Sie ernähren sich auch von Luft und Sonnenschein.
Wie ist das möglich? Die Pflanze holt sich aus der Erde Wasser und zerlegt es in ihrem Inneren in seine chemischen Bestandteile, in Wasserstoff und Sauerstoff. An der Unterseite ihrer Blätter hat jede Pflanze winzige Spaltöffnungen. Damit nimmt sie das Gas Kohlendioxid aus der Luft auf. Auch das Kohlendioxid wird in seine Bestandteile zerlegt, in Kohlenstoff und Sauerstoff. Diese Bestandteile wandelt die Pflanze in Kohlenhydrate um. Das ist nichts anderes als Zucker in verschiedenen Formen. Aus den Kohlenhydraten und den Nährstoffen, die die Pflanze mit ihren Wurzeln aus

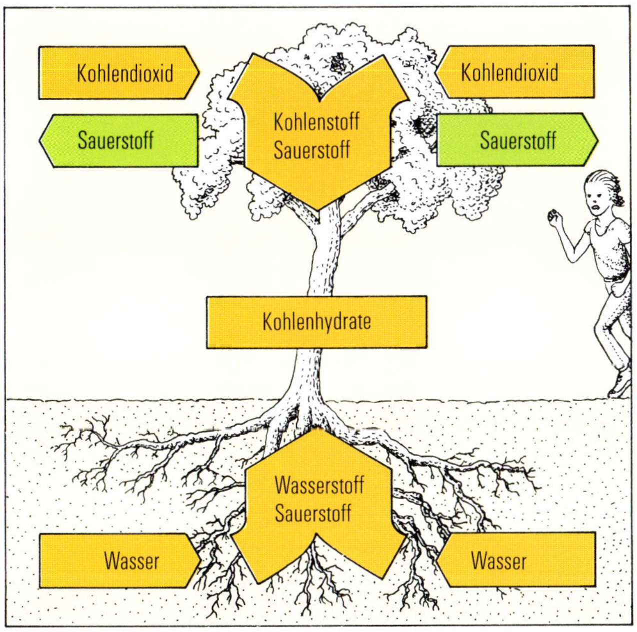

Die Sauerstoffproduktion der Pflanzen

dem Boden geholt hat, bildet sie ihre Blätter und Blüten, ihre Zweige und Samen. Bei diesen Vorgängen bleibt ein Stoff übrig, den die Pflanze an die Luft abgibt: Es ist der Sauerstoff, den wir Menschen zum Atmen brauchen.

Pflanzen tanken Sonnenschein

Zerlegen und neu zusammenbauen kostet Kraft, braucht Energie. Diese Energie holt sich die Pflanze von der Sonne. Die Schaltstelle zwischen Sonne und Pflanze ist das Blattgrün, oder wie die Biologen sagen, das Chlorophyll. Mit seiner Hilfe kann die Pflanze Sonnenenergie tanken. Chlorophyll besteht aus länglichen Körnchen, die so ähnlich aussehen wie Roggenkörner. Die Chlorophyllkörnchen rollen sich dorthin, wo am meisten Sonne auf das Blatt trifft, und drängen sich eng zusammen, um jeden Sonnenstrahl auszunützen. Die Blätter der Pflanzen helfen ihnen beim Sonnetanken: Wenn die Pflanzen Energie brauchen, drehen sie sich, wie von unsichtbaren Motoren angetrieben, der Sonne entgegen.

Pflanzen können also aus Licht, Luft und Wasser wichtige Nährstoffe herstellen. Menschen und Tiere können das nicht. Ohne Pflanzen müßten wir verhungern. Pflanzen stellen Sauerstoff her, den Menschen und Tiere zum Atmen brauchen.

Ohne Pflanzen müßten wir ersticken. Ohne die grünen Sauerstoffproduzenten und Nahrungslieferanten gäbe es kein Leben auf der Erde.

Weil es in der Natur aber keine einseitigen Sachen gibt, sondern eines dem anderen nützt, tragen Menschen und Tiere auch ihren Teil zum Leben der Pflanzen bei: Wir atmen das Kohlendioxid aus, das die Pflanzen brauchen.

Neues Leben aus dem Kompost

Ein Komposthaufen gehört in jeden Garten. Am Kompost kannst du genau beobachten, wie Bodenlebewesen aus abgestorbenen Blättern, Zweigen und Blüten Nährstoffe für neue Pflanzen machen. In wenigen Wochen entsteht aus Abfall die Grundlage für neues Leben.

Kompostieren ist im wahrsten Sinne des Wortes eine heiße Sache: In einem frisch aufgesetzten Komposthaufen sammeln sich sofort Millionen von Mikroorganismen. Sie nagen und beißen an den Pflanzenresten und weichen sie auf. Dabei entsteht im Inneren des Komposts große Hitze. Er wird bis zu 70 Grad heiß, und man könnte darin glatt Eier kochen! Vier bis fünf Tage lang hat der Kompost „Fieber“, dann kühlt er langsam ab. Die Pflanzenreste haben sich inzwischen gründlich verändert: Ein fester Strohhalm ist jetzt weich und dunkel, Gräser sind schwarz und dünn wie Bindfäden, von einem Blatt ist nur noch das Gitternetz der Adern übrig. Nun sind die Regenwürmer an der Reihe: Sie wandern in großen Scharen in den jetzt angenehm kühlen Kompost und stürzen sich auf Halme und Blätter. Mit ihnen kommen Asseln und Tausendfüßler, Springschwänze und Millionen winzig kleiner Lebewesen. Drei bis fünf Monate dauert es, dann haben alle diese Tiere, Pilze und Bakterien ein kleines Wunder vollbracht. Aus abgeschnittenem Gras, verwelkten Blüten und dürren Blättern ist dunkle Komposterde geworden, die angenehm und frisch nach Waldboden riecht. Die Komposterde kannst du im Frühjahr oder im Herbst auf dein Beet streuen und mit dem Rechen vorsichtig einrechen. Sie ist der sanfteste und beste Dünger, den ein Gärtner selbst machen kann.

So wird der Kompost aufgesetzt

Der Kompost braucht einen vor Wind geschützten, warmen Platz im Halbschatten von Bäumen oder Sträuchern. Er muß immer auf der Erde stehen, damit Regenwürmer und Bodenlebewesen von unten zuwandern können. Mindestens einen Meter lang und einen Meter breit sollte so ein Haufen sein, damit sich die Hitze in seinem Inneren entwickeln kann. Es gibt in Gartengeschäften auch praktische Behälter, in denen man einen Kompost ganz sauber aufsetzen kann.

Als unterste Schicht legt man zerkleinerte Äste und Zweige auf den Boden. So bekommt der Kompost auch von unten Luft. Darauf wird eine handhohe Schicht aus buntgemischten Pflanzenresten gebreitet. Auch kleingerissenes Zeitungspapier, Kaffeesatz, Teeblätter, Gemüseabfälle und Eierpappen dürfen auf den Kompost. Glas, Plastik, Blech und buntbedruckte Illustrierten haben dort nichts zu suchen. Sie verrotten nicht oder geben giftige Schwermetalle ab. Über die erste Schicht wird jetzt Erde geschaufelt – nicht viel, nur zwei Finger hoch. Darauf kommt wieder eine Schicht Pflanzenreste. So geht das weiter, bis das Kompostgestell voll ist oder der Komposthaufen eine Höhe von 1,50 Meter erreicht hat. Zum Schluß wird der Kompost mit einem Mantel aus Erde umhüllt. Unter dieser wärmenden Hülle können die vielen fleißigen Bodenlebewesen dann mit ihrer wichtigen Arbeit anfangen.

Pflanzenschutz mit Steinmehl

In vielen Fällen sind puderfein gemahlene Steine ein guter Pflanzenschutz. Dieses Pulver kann man unter der Bezeichnung Steinmehl oder Urgesteinsmehl oder Bentonit im Gartengeschäft kaufen. Mit einem speziellen Zerstäuber oder einer Schaufel kannst du das Steinmehl über alle Gartenpflanzen pusten. Das schützt sie vor Schnecken und Raupen. Tomaten werden vor der gefährlichen Braunfäule geschützt. Und wenn du eine Handvoll Steinmehl in den Eimer mit der Pflanzenjauche rührst, riecht sie längst nicht mehr so stark.

Im Herbst wird das Steinmehl dünn wie Puderzucker über die Beete gestäubt. Es enthält viele Nährstoffe für die Pflanzen und Bodenlebewesen.

Steinmehl ist ein guter Pflanzenschutz

Und noch ein selbstgemachter Dünger: Pflanzenjauche

Wenn Pflanzen kräftig wachsen, steigt ihr Appetit. Den größten Hunger haben sie während der Sommermonate. Der Nährstoffvorrat im Boden wird knapp. Ein kräftiger Schuß Pflanzenjauche ist dann gerade das richtige. Das ist ein flüssiger Dünger, den du kostenlos und schnell selbst machen kannst.

Du brauchst dazu einen Plastikeimer und kleingeschnittene, frische Pflanzenteile. Am wertvollsten wird die Jauche, wenn du Brennesseln nimmst. Du kannst aber auch andere wilde Kräuter pflücken, die im Garten wachsen: Hirtentäschel, Beinwell, Kamille, Wegerich oder Löwenzahn. Der Eimer wird locker mit dem Grünzeug gefüllt. Dann machst du ihn randvoll mit Wasser. Jetzt mußt du nur noch warten und einmal am Tag umrühren, damit Luft in das Wasser kommt. Nach ein paar Tagen beginnt die Brühe ziemlich streng zu riechen und Blasen zu schlagen. Wenn die Blasen verschwunden sind und der Inhalt des Eimers eine dunkelbraune Suppe geworden ist, ist deine Pflanzenjauche fertig. Das dauert im Sommer eine Woche bis 10 Tage.

Zum Düngen wird die Jauche verdünnt. Du nimmst 10 Teile Wasser und 1 Teil Jauche. Die Flüssigkeit in der Gießkanne sieht dann aus wie heller Tee. Dieses Düngewasser wird immer nur auf den Boden rund um die Pflanzen gegossen, niemals über die ganze Pflanze! Der Geruch verfliegt schon nach wenigen Minuten.

Das Steinmehl Bentonit hilft gegen die Radioaktivität im Boden. Die radioaktiven Teilchen verbinden sich mit den staubfeinen Bentonitkörnchen und können deshalb nicht mehr über die Wurzeln in die Pflanzen gelangen. Das ist besonders wichtig bei Gemüsepflanzen.

Umweltgiften auf der Spur

Umweltgifte bedrohen heutzutage die Erde, die Pflanzen, die Tiere und die Gesundheit der Menschen. Wir sind ihnen aber nicht wehrlos ausgeliefert. Hier erfährst du, woher die Giftstoffe kommen, was sie anrichten, wie du ihnen auf die Spur kommst und wie du dich und deinen Garten schützen kannst.

Autos, Heizungen, Fabriken, Müllverbrennungsanlagen und Kraftwerke, die Strom erzeugen, pusten giftige Abgase und Staub in die Luft. Zusammengenommen sind das viele tausend Tonnen pro Jahr. Abgase bestehen aus mehreren verschiedenen Stoffen. Die meisten von ihnen sind giftig. Die Abgase können nicht einfach in den Weltraum verschwinden, sondern werden von der Lufthülle der Erde festgehalten. Gase und Staubteilchen verbinden sich in der Luft mit Wassertropfen und kommen mit dem Tau, mit dem Regen und dem Schnee auf die Erde zurück. Wenn ein bestimmtes Gas, das Schwefeldioxid, mit einem Wassertropfen verschmilzt, entsteht eine ätzende Säure – die Schwefelsäure. Sie und noch einige andere chemische Verbindungen machen den Regen in manchen Gegenden so sauer wie Essig.

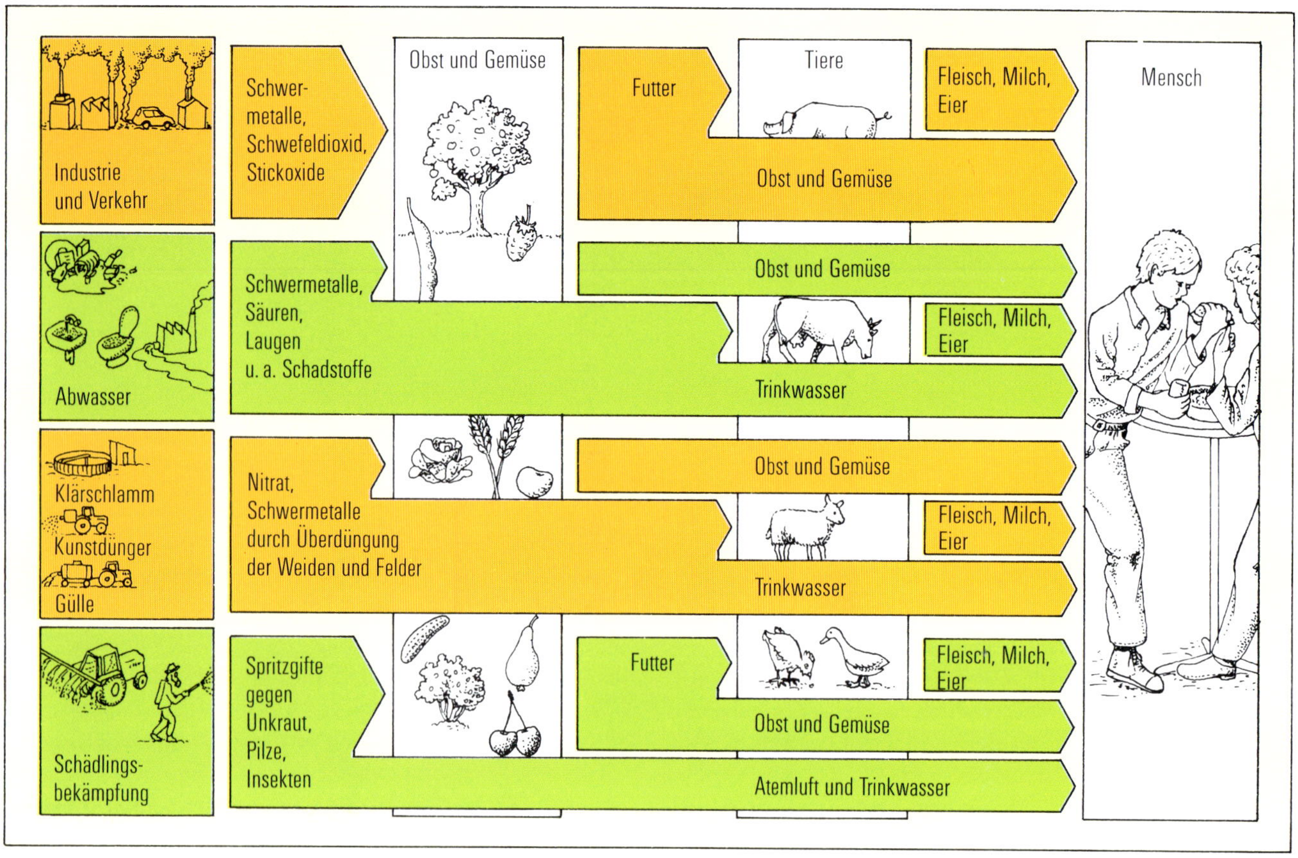

Der Schadenspfad des sauren Regens

Der saure Regen tötet Bodenlebewesen ab und greift Pflanzenwurzeln an. Die Säuren bleiben im Boden und machen die Erde immer saurer. In Essigerde aber kann keine Pflanze richtig wachsen. Darüber, wie sauer die Erde ist, gibt ihr Säuregrad – der pH-Wert – Auskunft. Du kannst ihn leicht selbst testen. Und du kannst mit einfachen Mitteln etwas gegen zuviel Säure im Boden tun.

Eine bestimmte Gruppe von Schadstoffen setzt sich direkt auf die Pflanzen und auf den Boden. Das sind die Schwermetalle. Cadmium, Blei und Quecksilber sind die wichtigsten. Das meiste Blei kommt aus bleihaltigem Autobenzin. Cadmium wird von Fabriken und Müllverbrennungsanlagen ausgestoßen. Quecksilber steckt zum Beispiel in vielen Batterien. Wenn die nicht ordentlich gesammelt und wiederverwertet werden, sondern in die Müllverbrennung kommen, gerät Quecksilber in die Umwelt.

Blei setzt sich auf der Oberfläche von Pflanzen ab. Cadmium und Quecksilber werden über die Wurzeln aufgenommen. Wenn wir Salat oder Gemüse essen, die solche Stoffe in oder auf sich haben, schlucken wir auch die Schwermetalle. Davon kann man sehr krank werden. Je saurer der Boden ist, desto schneller wandern die Schwermetallpartikel in die Pflanzenwurzeln. Den pH-Wert des Bodens zu messen und richtig einzustellen schützt also auch vor Schwermetallen.

Der pH-Wert

Um den pH-Wert zu messen, brauchst du ein Teststäbchen und eine Farbskala zum Vergleichen. Beides kannst du in der Apotheke kaufen. Es ist auch in den Testkästen enthalten, mit denen du zu Hause ein eigenes Labor einrichten kannst. Mit diesem Teststäbchen kann man den Säuregrad von Erde und von Wasser messen. Außerdem brauchst du ein Wasserglas oder ein Reagenzglas.

So wird der pH-Wert von Wasser gemessen

Fülle das Glas zur Hälfte mit Regenwasser und tauche das Teststäbchen hinein, so daß die gestreifte Seite – die Farbstoffzone – völlig mit Wasser bedeckt ist. Die Streifen werden jetzt bunt. Wenn sich nichts mehr an der Farbe verändert, ziehst du das Stäbchen aus dem Wasser und vergleichst die Farben mit der Farbskala. Du kannst jetzt ganz genau ablesen, wie sauer das Wasser ist.

Hier sind einige pH-Werte zum Vergleichen:

Leitungswasser	pH 7 bis 8
Destilliertes Wasser	pH 7
Saurer Regen	pH 2,9 bis 3,5
Cola	pH 3
Seifenlauge	pH 10
Ideales Wasser zum Gießen	pH 5,5 bis 6,5

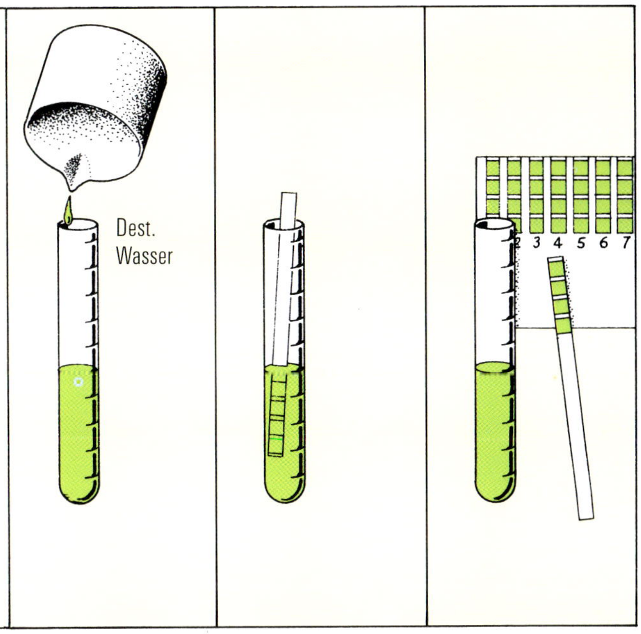

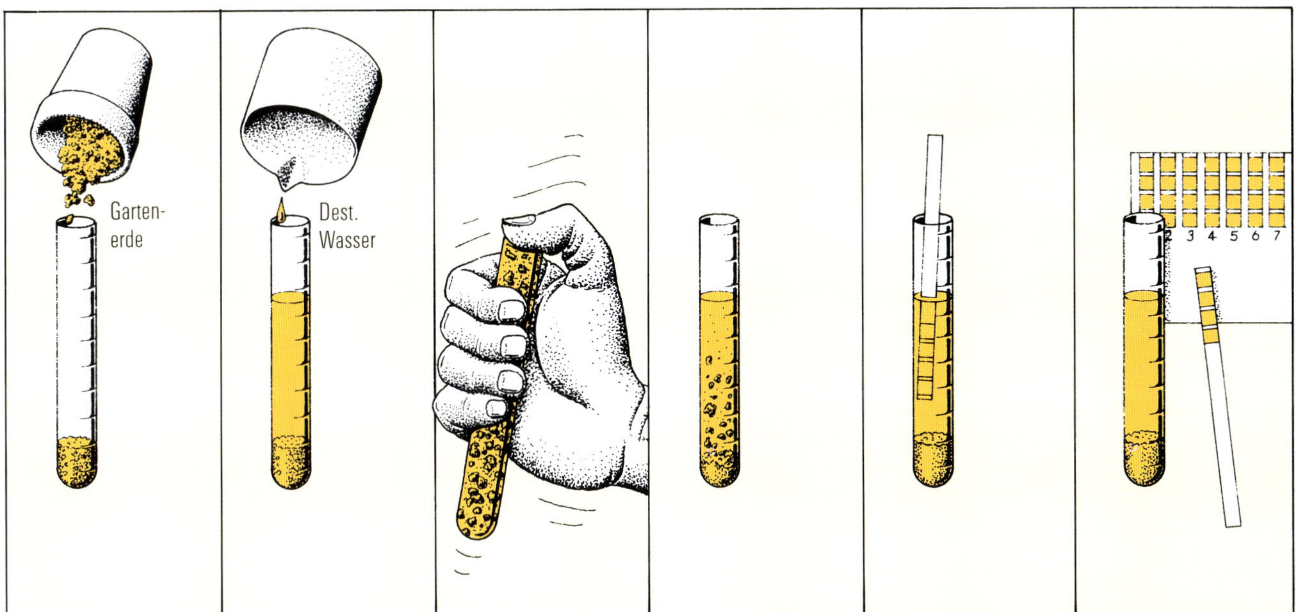

So wird der pH-Wert von Erde gemessen

Du brauchst ein Teststäbchen, ein Reagenzglas und destilliertes Wasser aus der Apotheke. In das Reagenzglas, das ist ein fingerdickes Glasröhrchen, wird 2 Zentimeter hoch Gartenerde gefüllt. Dann kommt destilliertes Wasser darauf, bis das Reagenzglas zu drei Vierteln voll ist. Halte die Öffnung mit dem Daumen zu und schüttle kräftig. Die Erdteilchen, die im Glas herumwirbeln, müssen sich erst alle auf dem Boden absetzen, bevor du das Teststäbchen ins Wasser tauchst. Warte ab, bis sich die Farben auf dem Stäbchen nicht mehr verändern, und vergleiche sie dann mit der Meßskala.

Und das sind Zahlen zum Vergleichen:

Lehmboden	pH 6 bis 7
Moorboden	pH 4
Saure Gartenerde	pH 5
Ideale Gartenerde	pH 6 bis 6,5

Saure Erde – was tun?

Wo der pH-Wert niedriger als 4,5 oder höher als 9 ist, da stirbt alles Leben. Pflanzen wachsen am besten bei pH 6 bis 6,5.
Ein zu niedriger pH-Wert zeigt, daß die Erde sauer ist. Die Pflanzen kümmern vor sich hin und nehmen viele Schwermetalle auf. Saure Gartenerde kann mit Kalk behandelt werden. Kalk bindet die ätzende Säure an sich. Je mehr Kalk du auf die Beete streust, desto höher klettert der pH-Wert.
Im Gartenfachgeschäft gibt es kohlensauren Kalk oder Magnesiumkalk zu kaufen. Er wird im Herbst dünn über das abgeräumte Gartenbeet gestreut und mit dem Rechen unter die oberste Schicht Erde gemischt. Suche dir einen windstillen Tag aus, sonst fliegt der ganze Kalk durch den Garten! Warte ein paar Tage, bis du den pH-Wert noch einmal mißt. Ist er immer noch zu niedrig, streust du vorsichtig noch etwas Kalk auf. Aber nicht zu viel – der pH-Wert darf keinesfalls zu hoch werden, denn auch das schadet den Pflanzen. Wenn der Gartenboden während des Sommers zu sauer ist, kannst du Algenkalk oder Steinmehl streuen. Diese Stoffe sind besonders mild und schaden den Pflanzenwurzeln nicht.

Saures Wasser – was tun?

Leitungswasser enthält meist viel Kalk und hat einen hohen pH-Wert. Regenwasser dagegen kann sehr sauer sein. Wo viele Fabriken, Kraftwerke oder Müllverbrennungsanlagen stehen, ist der Boden ganz besonders sauer. Pflanzen mögen weder kalkiges Leitungswasser noch saures Regenwasser. pH 5,5 bis 6,5 ist am besten.
Leitungswasser kannst du entkalken, indem du es einfach ein paar Tage in einem Eimer stehenläßt. Der Kalk setzt sich am Boden ab. Saures Regenwasser kannst du mit Kalksteinen aus dem Baugeschäft verbessern. Ein oder zwei Steine werden in den Eimer mit Regenwasser gelegt. Das Wasser muß einen Tag stehenbleiben, bevor du es zum Gießen verwenden kannst.
Nimm die Kalksteine heraus und fülle das Wasser in eine Gießkanne. Das Wasser hat jetzt nicht nur den richtigen pH-Wert, es hat sich auch etwas erwärmt. Für Pflanzen ist das angenehmer als eiskaltes Wasser aus der Leitung.

Nitrat – Gift aus dem Dünger

Ein anderer Stoff, der im Boden gefährlich werden kann, ist das Nitrat. Nitrate sind Verbindungen aus Stickstoff und Sauerstoff. Pflanzen brauchen die Nitrate zum Wachsen. Wenn sie aber zuviel davon angeboten bekommen, werden die Nitrate nicht mehr für den Aufbau von Blüten, Samen und Blättern verwendet, sondern in der Pflanze gespeichert. Es ist gefährlich, Salat und Gemüse mit viel gespeichertem Nitrat zu essen. Im Magen und Darm des Menschen wird dieser Stoff umgewandelt und kann krank machen.
Wenn so viel Nitrat im Boden steckt, daß es auch die Pflanzen nicht mehr aufnehmen können, wird das Nitrat vom Regen ins Grundwasser, in die Flüsse und Seen geschwemmt. Dann kann das Trinkwasser zuviel Nitrat enthalten. 50 Milligramm Nitrat pro Liter Wasser sind erlaubt. Von den Wasserwerken wird kontrolliert, wie hoch der Nitratwert ist.

Düngen ohne Nitrat-Gefahr

Viel Nitrat ist in Kunstdüngern und in frischem Mist enthalten. Beides sollte im Garten nicht verwendet werden. Mist kann unter den Kompost aus Pflanzenabfällen gemischt werden. Wenn der Kompost nach drei bis fünf Monaten ausreichend verrottet ist, kann er auf den Beeten ausgebreitet werden. Die Kompostschicht auf den Beeten soll pro Jahr nicht höher sein als 2 Zentimeter. Dann besteht keine Gefahr durch zuviel Nitrat. Pflanzenjauchen aus Brennesseln oder Wildkräutern, wie wir sie auf Seite 35 beschrieben haben, sind milde Dünger, die nicht zuviel Nitrat enthalten.

Nitraten auf der Spur

Für einen Nitrattest brauchst du ein Teststäbchen aus der Apotheke oder dem Laborkasten, eine Farbskala zum Vergleichen und eine Uhr mit Sekundenzeiger. Du kannst dein Trinkwasser untersuchen, und du kannst testen, wieviel Nitrat das Gemüse aus dem Garten enthält.
Wissenschaftler haben eine interessante Entdeckung gemacht: Salat und Gemüse, die nachmittags geerntet werden, enthalten weniger Nitrat als Pflanzen, die morgens vom Beet geholt werden. Du kannst das selbst nachprüfen.

Nitrattest bei Obst und Gemüse

Obst, Gemüse oder Salat werden in der Mitte durchgeschnitten. Drücke das Teststäbchen leicht an die feuchte Schnittstelle. Es darf nicht klebenbleiben, sondern muß gleichmäßig feucht werden. Nach 5 Sekunden nimmst du das Stäbchen weg und wartest 60 Sekunden. Das Stäbchen verfärbt sich. Jetzt kannst du es mit der Farbskala vergleichen. 10 Milligramm Nitrat pro Kilo Obst oder Gemüse sind ein guter Wert. Ein Gesetz, das Höchstmengen an Nitrat bei Obst und Gemüse festsetzt, gibt es nicht. Weil Pflanzen von Natur aus höher mit Nitrat belastet sind als Wasser, kann der Grenzwert für Kinderfertignahrung eine Faustregel sein. Danach sollten Obst und Gemüse nicht mehr Nitrat als 250 mg pro Kilo enthalten.

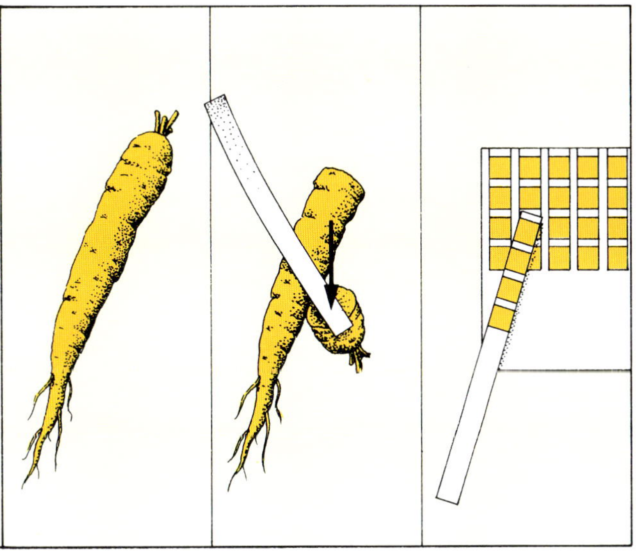

Nitrattest bei Wasser

Fülle ein Glas zur Hälfte mit Wasser und tauche das Teststäbchen 1 Sekunde lang hinein. Nimm das Stäbchen heraus und warte 60 Sekunden. Das Stäbchen verfärbt sich in dieser Zeit. Nach der Wartezeit kannst du es mit der Farbskala vergleichen.

Und hier einige Zahlen:

Regenwasser	5 bis 20 Milligramm pro Liter
Grundwasser, unbelastet	10 Milligramm pro Liter
Trinkwasser	10 bis 50 Milligramm pro Liter
Abwasser	35 Milligramm pro Liter

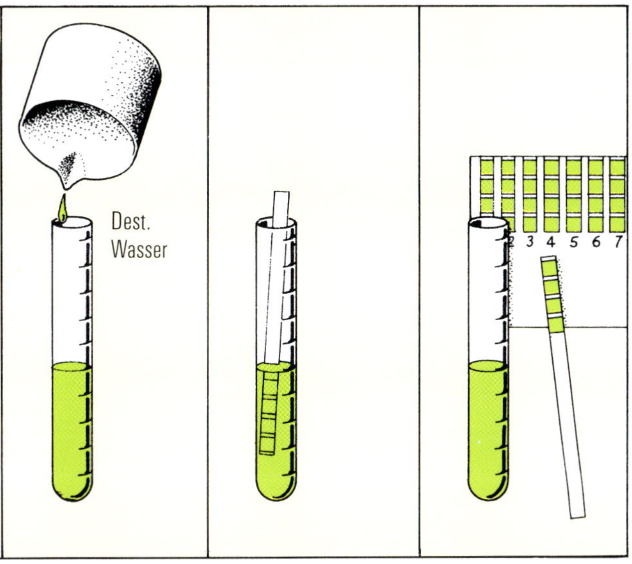

Chemikalienkasten:

Mit dem Kosmos Test 2000 Ökologie können in rund 100 Experimenten und Tests umweltbelastende Stoffe in Natur und Haushalt untersucht werden:
Nitrat und Aluminiumspuren im Trinkwasser
Blei am Autoauspuff
Phosphat in Waschmitteln
Nitrit in Wurst und Brät
Ammonium im Abwasser
Eisen in Dosenbohnen
Phenole in Körpersprays
Schwefeldioxid in Trockenobst
Ammoniak in der Luft
Formaldehyd in Geschirrspülmitteln

Das eigene Boden-, Wasser-, Pflanzenlabor

Um den unsichtbaren Umweltgiften nachzuspüren, gibt es richtige Kleinlabor-Kästen. Besonders geeignet für junge Chemiker sind der Kosmos Öko-Test 2000 und der Kasten von Schuco. pH-Wert, Wasserhärte und einige Umweltgifte lassen sich ermitteln.

In Gartenfachgeschäften kann man auch Chemikaliensets speziell für Bodenuntersuchungen kaufen. Bevor du so etwas kaufst, schau dir die Gebrauchsanweisung an: Manchmal sind sie aus dem Englischen übersetzt und nur schlecht verständlich. Mit einem Chemikalienset kannst du den pH-Wert und den Gehalt an wichtigen Nährstoffen wie Stickstoff, Phosphor und Kalium feststellen.

Große Labor-Kästen sind etwas für Fortgeschrittene. Solch einen Kasten gibt es zum Beispiel von Greenpeace. Aber kein Kind sollte alleine mit einem solchen Kasten umgehen, denn die Chemikalien darin sind zum Teil ätzend und giftig! Am besten hilft ein Erwachsener beim Testen. Aber auch beim Umgang mit den einfachen Testkästen für Kinder mußt du sehr vorsichtig sein. Lies zuerst ganz genau die Gebrauchsanweisung und halte dich unbedingt daran.

So wird der Garten vor Umweltgiften geschützt

Umweltgifte kommen aus der Luft und mit dem Regen in den Gartenboden. Erde mit viel Humus und vielen Bodenlebewesen ist der beste Schutz vor allen Umweltgiften. Solche Erde hält die Gifte fest und verhindert, daß sie von den Pflanzen über die Wurzeln aufgenommen werden.

Das gilt auch für Radioaktivität. Radioaktive Teilchen gelangen durch Atombombenversuche, durch Kernkraftwerke oder bei Reaktorkatastrophen wie 1986 in Tschernobyl/Sowjetunion in die Umwelt. Wenn radioaktive Teilchen in den Boden gelangen, halten sie sich wie Kletten an bestimmten Tonmineralien fest. Diese feinen Körnchen sind vor allem in dem Steinmehl Bentonit enthalten. Wer im Herbst Bentonit über die Beete streut, „fesselt" die radioaktiven Teilchen im Boden. Sie können nicht mehr mit dem Gemüse in den Körper gelangen, wo sie mindestens ebensoviel Schaden anrichten wie Schwermetalle.

Ein guter Filter für Staub und Abgase ist eine Hecke rund um den Garten. Sie ist besonders für Gärten wichtig, die direkt an einer Straße liegen. Der beste Filter ist eine buntgemischte Hecke aus Laubsträuchern, wie wir sie auf Seite 24 beschreiben.

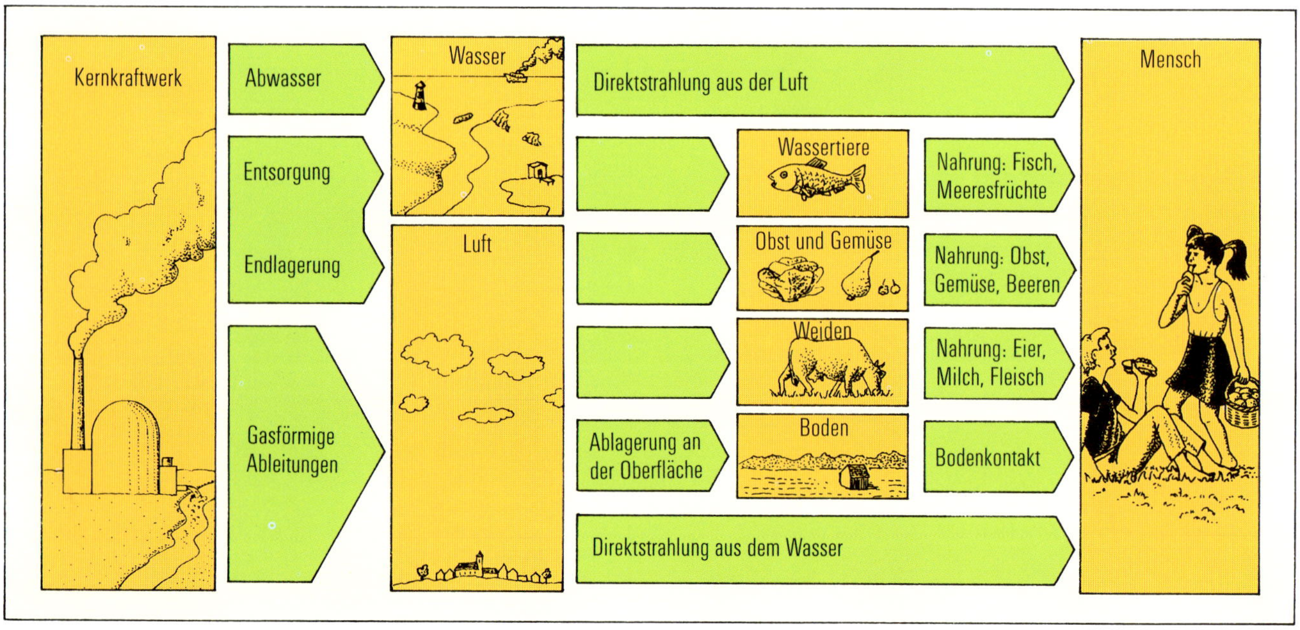

Der Schadenspfad der Radioaktivität

Ein Gewächshaus oder ein Folientunnel hält viel Staub und sauren Regen ab. Wissenschaftler haben das genau untersucht: Sogar in Gegenden, wo viele Fabriken stehen und die Luft mit Schmutz und Abgasen besonders belastet ist, kann man im Glas- oder Folienhaus gesunde Kräuter und knackige Salate ziehen, die kaum von den Umweltgiften berührt werden. Ein guter Schutz ist so ein Häuschen auch für Feldsalat und Grünkohl, die den Winter über im Garten bleiben. In dieser Zeit raucht und qualmt es aus vielen Schornsteinen, weil in allen Häusern geheizt wird. Der schmierige Schmutz aus den Kaminen legt sich als feiner Schleier über den ganzen Garten. Wenn Wintergemüse und -salat geschützt unter Glas oder Folie wachsen, bleiben sie sauber.

Auch wenn in einem Garten kein Gift gespritzt wird, ist es wichtig, Obst und Gemüse vor dem Essen gründlich zu waschen. Erdspritzer an der Erdbeere, Sand auf der Petersilie, Staub auf dem Apfel – das alles verschwindet mitsamt den festhaftenden Umweltgiften im Ausguß. Wenn es möglich ist, sollten Obst und Gemüse ganz fest geschrubbt werden. Das entfernt Umweltgifte wie Blei am besten. So verlockend es ist, direkt vom Baum weg zu essen – fest abreiben und waschen ist gesünder.

Gärten, die an einer Straße liegen, können im Winter Tauwasser mit Streusalz abbekommen. Bis zu 30 Meter weit spritzt die salzige Brühe, wenn ein Auto durch die Pfützen fährt. Wenn der Schneeräumer Eis und Schnee mit Streusalz an den Gartenzaun schiebt, sollte der Schnee weggeräumt werden. Das Salz nagt an Mauern und Zaunpfosten. Wenn die salzige Brühe in der Erde versickert, schadet das Streusalz den Gartenpflanzen und läßt Bäume absterben. Deshalt sollte auf Wege rund ums Haus und Garageneinfahrten nie Salz gestreut werden. Sand oder Rollsplitt sind umweltfreundlichere Mittel gegen die winterliche Rutschgefahr.

Der Nutzgarten

So wird ein Beet angelegt

Ein Beet für Erwachsene ist 120 Zentimeter breit und beliebig lang. Kinder haben kürzere Arme und können deshalb bei einem so breiten Beet die Pflanzen in der Mitte nur schwer erreichen. Wenn du ein eigenes Stückchen Land für Gemüse und Blumen bekommst, sollte es nur 1 Meter breit sein. So läßt es sich bequem von beiden Seiten aus bearbeiten. Man kann aber auch ein Erwachsenenbeet in der Mitte durch einen schmalen Weg teilen. Jedes der beiden neuen Beete ist dann ungefähr 50 Zentimeter breit. Jetzt kannst du es leicht bepflanzen und pflegen.

Vor dem Säen oder Pflanzen muß das Beet ganz sauber sein. Was wild wächst und stört – das „Unkraut“ – wird herausgerissen oder weggehackt. Pflanzen gedeihen am besten in einem Boden, der tief hinunter locker ist. In einem harten Boden haben es die Wurzeln schwer, denn sie können ihn kaum durchdringen. Die Pflanzen wachsen schlecht oder werden krank.

Wird dein Beet neu angelegt, muß es mit dem Spaten umgegraben werden. Sonst aber nicht: Jedes Umgraben stört die Bodenlebewesen und bringt Millionen von ihnen um. Für die Tiere, Pilze und Algen ist es ein Schock, wenn der Spaten in den Boden fährt, eine Scholle heraussticht und die Erde umgedreht wieder in das Loch fällt. Die Welt der Bodenlebewesen steht dann auf dem Kopf. Wesen, sie sich im feuchten Dunkel am wohlsten fühlen, liegen plötzlich im prallen Sonnenlicht. Und andere, die in der luftigen obersten Erdschicht zu Hause waren, sind tief begraben. Viel schonender ist es, den Boden mit dem Sauzahn zu lockern. Das ist ein Gartengerät, das nur einen einzigen gebogenen Zinken hat. Es wird kreuz und quer durch die Erde gezogen, bis ein dichtes Rautenmuster auf dem Beet entsteht. Das lockert gründlich, schont die Bodenlebewesen und ist bei weitem nicht so anstrengend wie das Umgraben.

Säen und Pflanzen

Wenn die Erde schön locker ist, machst du die Oberfläche mit dem Rechen glatt. Dazu eignet sich am besten eine Harke mit Metallzinken. Du kannst mit ihr auch die Rillen zum Säen anlegen: Drehe den Rechen einfach um und ziehe mit dem Stiel eine Rille in das glattgerechte Beet. Wie tief dieser schmale Graben sein muß, hängt davon ab, was du säen möchtest. Große Samen müssen tiefer in den Boden, kleine brauchen eine weniger tiefe Saatrille. Wieviel Platz die einzelnen Pflanzen benötigen, steht immer bei den Pflanzanleitungen auf der Verpackung.

Wenn die Samen in der Rille liegen, drehst du den Rechen um und ziehst die Rillen mit dem Rücken des Rechens zu. Zum Abschluß wird die

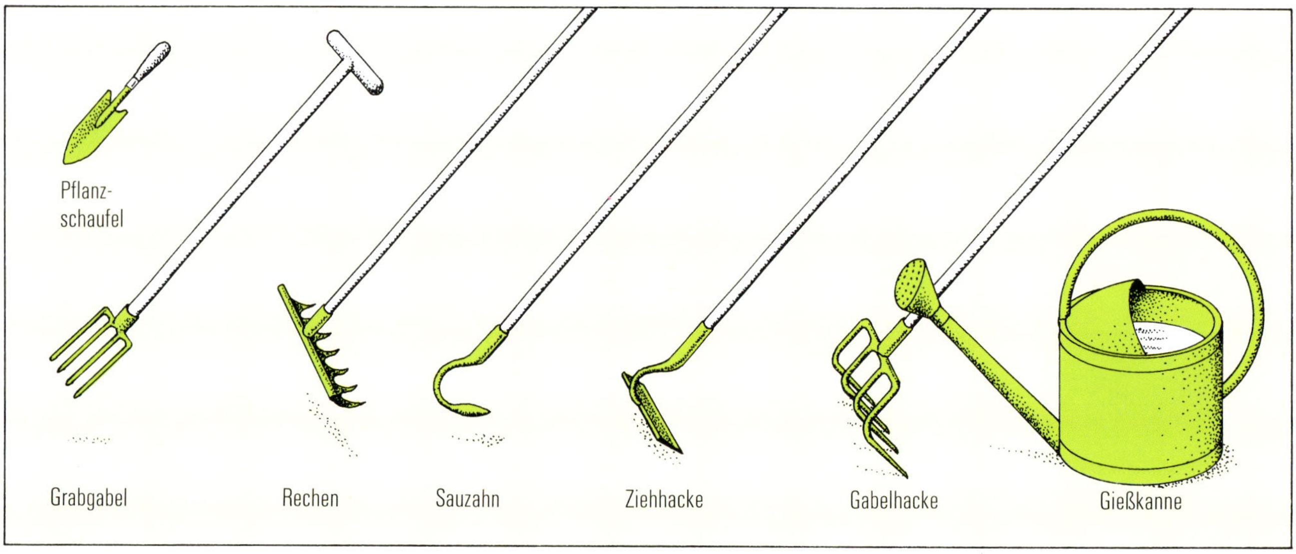

Arbeitsgeräte für den Garten

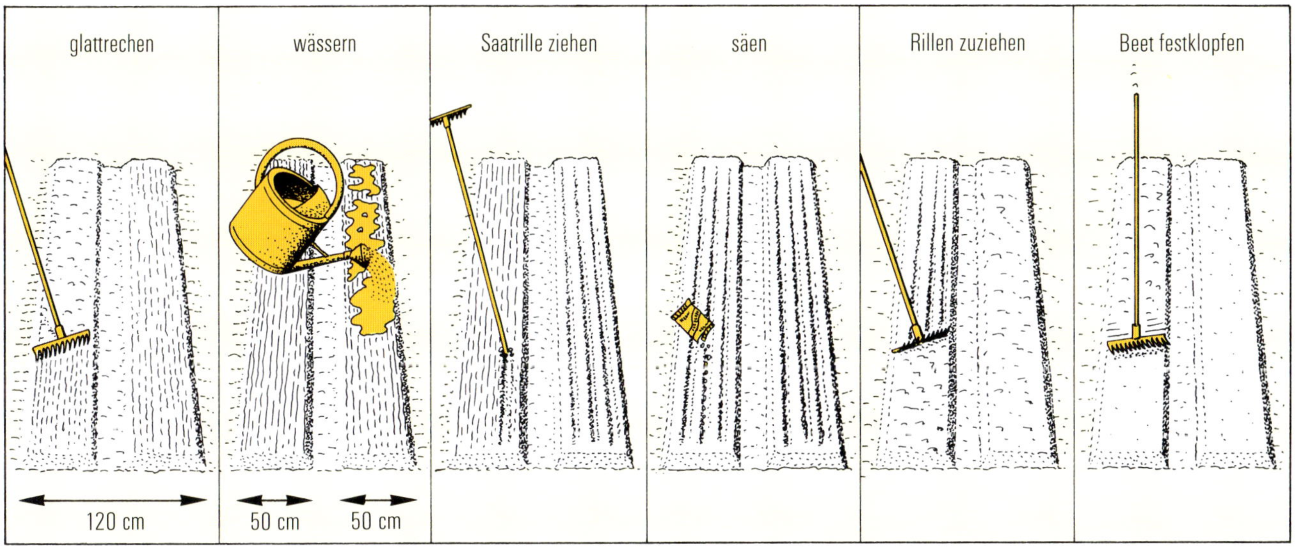

Die einzelnen Arbeitsvorgänge beim Säen

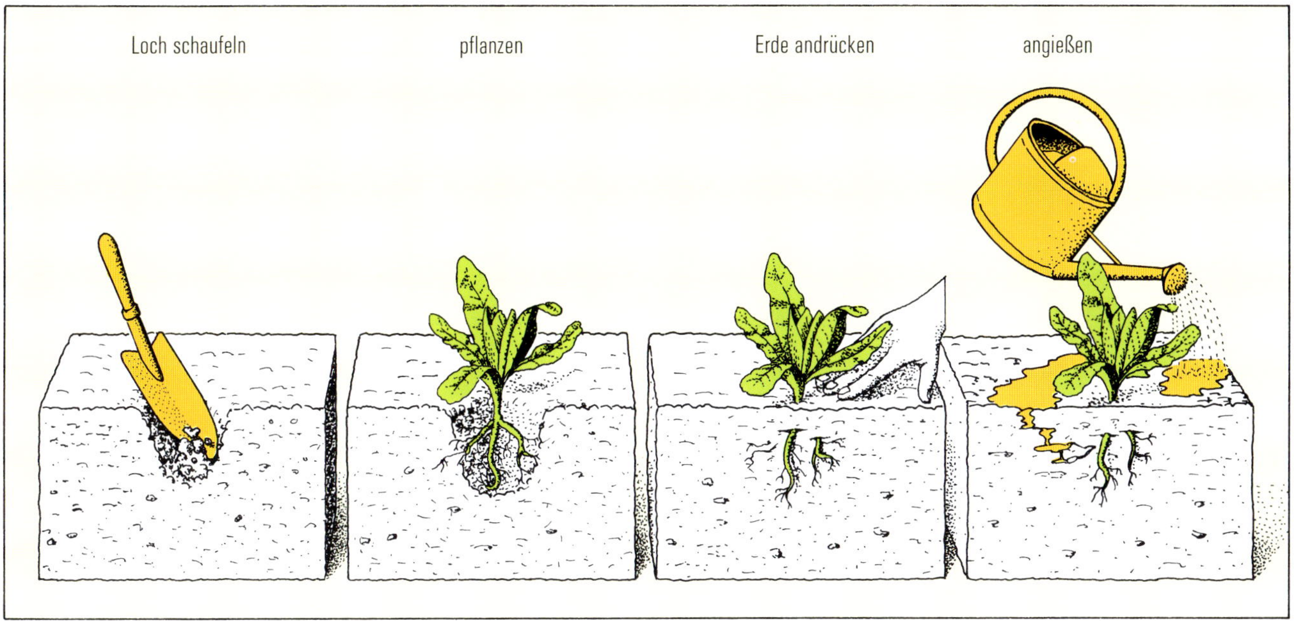

Und so wird gepflanzt

Saatreihe mit dem Rechen festgeklopft. Zum Säen soll die Erde schön feucht sein. Das Beet wird deshalb vor dem Säen gründlich gewässert. Die fertigen Saatrillen brauchst du nicht zu gießen. Wenn du junge Pflanzen in das Beet setzen möchtest, machst du mit der Pflanzschaufel ein Loch. Es muß so groß sein, daß die Wurzeln des Pflänzchens bequem hineinpassen und nicht abgeknickt werden. Manche Pflanzen müssen tiefer in den Boden, als sie vorher im Anzuchtkasten saßen. Tomaten zum Beispiel: Sie bilden an dem Stück des Stengels, der beim Auspflanzen unter die Erde kommt, neue Seitenwurzeln, die zusätzlich Wasser und Nährstoffe aus dem Boden holen können. Deswegen müssen Tomaten tiefer gepflanzt werden. Andere Pflanzen würden eine solche Behandlung sehr übelnehmen. Der Kopfsalat zum Beispiel muß so hoch gesetzt werden, daß nur die Wurzel im Boden ist, sonst fault er. Es macht gar nichts, wenn die Pflänzchen anfangs etwas wacklig auf den Beinen stehen. Wie die jungen Pflanzen gesetzt werden müssen, kannst du bei jedem einzelnen Gemüse auf dem Samentütchen nachlesen.

Wenn die jungen Pflanzen – der Gärtner nennt sie auch Setzlinge – auf dem Beet sind, wird die Erde rundherum vorsichtig angedrückt. Dann gießt du jedes einzelne Pflänzchen mit einer kleinen Gießkanne vorsichtig an. Weil der Wasserstrahl den Setzling umwerfen würde, gießt man das Wasser auf den Boden rund um die Pflanze herum. Es sickert ein und schwemmt Erde zwischen alle feinen Wurzeln. So kann die junge Pflanze schnell weiterwachsen und groß werden. Die beste Zeit zum Säen und Pflanzen ist der späte Nachmittag oder wenn ein paar Wolken die Sonne verdecken. Im prallen Sonnenschein wird es den eben versetzten zarten Jungpflanzen zu heiß. Sie machen schlapp, und kein Gießen kann ihnen helfen.

Von Samenkörnern und Saatbändern

Samen werden am einfachsten direkt aus dem Samentütchen gesät. Reiße eine Ecke des Tütchens ab und halte die Öffnung über die Saatrille. Wenn du leicht auf das Tütchen klopfst, fallen einzelne Samenkörner heraus. Sie sollen nicht zu dicht gesät werden, sonst haben die jungen Pflanzen keinen Platz und nicht genügend Licht zum Wachsen.

Wenn dir doch einmal die Samen aus der Tüte zu dicht in die Saatrille gepurzelt sind, stehen später einzelne Keimlinge zu eng nebeneinander. Die stärksten läßt du stehen. Schwache Keimlinge werden mit den Fingernägeln einfach abgeknipst. Ihre Wurzeln dürfen im Boden bleiben.

Dicke, große Samen wie die von Erbsen kannst du in die Hand nehmen und einzeln im richtigen Abstand in die Saatrille legen. Das „Vereinzeln“, also das Abknipsen schwacher Keimlinge, ist dann nicht nötig.

Besonders einfach geht das Säen mit einem Saatband. Es besteht aus zwei Lagen dünnem Papier, zwischen denen Gemüse- oder Kräutersamen liegen. Das Saatband wird einfach in die Bodenrille gelegt, angefeuchtet und mit Erde bedeckt. Saatbänder sind teurer als Saatgut aus der Tüte. Sogenannte Pillensamen lassen sich gut einzeln säen. Die Samenkörner sind in eine organische Masse eingebettet, die sich im Boden schnell auflöst.

Das Pflegeprogramm für deine Pflanzen

Wenn deine Pflanzen gut wachsen sollen, mußt du den Boden in regelmäßigen Abständen hacken. Am einfachsten geht diese Arbeit mit einer Ziehhacke. Sie wird nicht in den Boden gehauen, sondern nur leicht durchgezogen. Die scharfe Schneide lockert die verkrustete Oberfläche und bringt Luft in den Boden. Gleichzeitig werden unerwünschte Wildkräuter abgeschnitten. Sammle sie ab und bringe sie auf den Kompost.

Wenn es Sommer wird und sich der Boden gut erwärmt hat, kannst du eine Mulchdecke über dein Beet breiten. Dazu eignen sich am besten trockene Pflanzenreste, grober Kompost, Grasschnitt vom Rasenmähen oder Stroh. Diese Mulchdecke schützt den Boden und wird auf jedes freie Fleckchen Erde gestreut. Pralle Sonne kann sie nicht mehr austrocknen, hart und rissig machen. Harter Schlagregen kann die Erdkrümel nicht zerschlagen, so daß der Boden hinterher aussieht wie eine Betonpiste. Wasser verdunstet nicht so leicht aus dem Boden. Die Erde bleibt locker, und du mußt nicht mehr hacken und viel weniger gießen.

Die Regenwürmer sind begeistert von deiner nahrhaften Schutzdecke. Sie holen sich die Grashälmchen und Blätter in den Boden und machen ihren berühmten Superdünger daraus. (Wie das geht, kannst du in dem Abschnitt „Erde ist kein Dreck“ nachlesen.) Von Zeit zu Zeit mußt du neue Pflanzenreste auf das Beet streuen, denn die Regenwürmer sind sehr emsig.

Im Sommer brauchen die Pflanzen besonders viel Nahrung. Deshalb bekommen sie jede Woche einen kräftigen Schluck Pflanzenjauche. Wie sie gemacht wird, kannst du in „Erde ist kein Dreck“ nachlesen. Im Herbst werden die Beete gesäubert und mit einer dicken Schicht aus halb verrottetem Kompost zugedeckt. Darunter bleiben die Bodenlebewesen noch lange wach und arbeiten.

Im Frühjahr ziehst du die Reste dieser Winter-Mulchdecke mit dem Rechen weg und bringst sie auf den Kompost. Falls sich unter dem Mulch Schnecken eingenistet haben, trägst du sie mit auf den Kompost. Dann sind sie weit fort von deinem Beet. Für ein paar Wochen, bis zum Som-

meranfang, bleibt der Boden unbedeckt. Die braune Erde speichert so die Sonnenstrahlen besser und wird schneller warm.
Wenn keine Regenwolke in Sicht ist, brauchen deine Pflanzen Wasser. Am besten gießt du frühmorgens oder am Abend. Tagsüber, wenn die Sonne scheint, dürfen Pflanzen nie gegossen werden, auch wenn sie noch so durstig aussehen. Kaltes Wasser wäre dann ein Schock für sie. Außerdem wirken Wassertropfen auf Blättern wie ein Brennglas: Sie bündeln die Sonnenstrahlen auf einen Fleck, und dort verbrennt das Blatt.
Gieße den Pflanzen niemals Wasser über den Kopf, sondern immer nur auf den Boden. Tägliches Gießen ist überflüssig, auch an heißen Sommertagen. Besser für die Pflanzen ist es, wenn sie alle paar Tage gründlich gewässert werden. Ein Beet mit einem Meter Breite und zwei Metern Länge braucht dann vier volle 20-Liter-Kannen Wasser. Dieser Vorrat reicht in der Sommerhitze zwei Tage, wenn es kühler ist auch länger.

Von Pflanzen, die sich mögen, und solchen, die sich nicht riechen können

Pflanzen können keine Laute von sich geben, und trotzdem haben sie so etwas wie eine Sprache: Aus Wurzeln und Blättern scheiden sie Gase und Flüssigkeiten aus, die für andere Pflanzen oder für Tiere ein Signal sind. Sie können Tiere anlocken, die wichtig sind zum Bestäuben der Blüten. Und sie können ihrem Nachbarn zu verstehen geben: Ich kann dich nicht riechen, verschwinde! Oder: Ich mag deinen Duft, ich fühle mich neben dir wohl!
Werden Tomaten und Gurken nebeneinander gesetzt, fängt eine der beiden Pflanzen an zu mickern und wird krank. Tomaten und Salat vertragen sich dagegen ausgezeichnet. Säst du Radieschen neben Gurken, so bleiben viele Radieschen klein und werden scharf. Kresse als Nachbarin taugt den Radieschen dagegen sehr: Die roten Kugeln werden butterzart und groß. Für gelbe Rüben gibt es keine besseren Nachbarn als Zwiebeln oder Lauch. Die beiden Gemüse schützen sich gegenseitig. Kommt eine Zwiebelfliege angeschwirrt, dreht sie schnell wieder ab, weil sie den Duft von gelben Rüben nicht ausstehen kann. Der Möhrenfliege geht es auch nicht besser: Sie kann Zwiebeln nicht riechen und sucht sich einen besser duftenden Ort, um ihre Eier abzulegen.
Geschickte Gärtner planen ihre Gartenbeete so, daß immer nur solche Pflanzen nebeneinander wachsen, die sich mögen oder sich gegenseitig schützen. Deshalb findest du in alten Bauerngärten auf einem Beet bunt gemischt die verschiedensten Gemüse, Kräuter und Blumen. Jede dieser Pflanzen hat eine Aufgabe zu erfüllen. Welche Pflanzen sich gut vertragen und welche sich nicht leiden können, steht hier im Buch bei den Gemüsearten jeweils dabei.

Gärtnergeschichten von Gemüse

Radieschen sind rund und rot oder länglich und weiß wie kleine Eiszapfen. Die Chinesen züchteten die würzigen Knollen schon vor vielen tausend Jahren. Radieschen können so groß werden wie Hühnereier. Sie halten den Geschwindigkeitsrekord beim Gemüse: Keine andere Knolle oder Frucht wächst so schnell. Im Gewächshaus oder

Radieschen
Die großen, schwarzen Radieschensamen werden einzeln in eine 1 Zentimeter tiefe Saatrille gelegt. Die Samen müssen 5 Zentimeter Abstand voneinander haben, nicht weniger, sonst bilden sich keine Knollen. Radieschen kannst du im Abstand von zwei Wochen den ganzen Sommer lang säen.

im Frühbeetkasten kannst du die ersten Radieschen schon im März aussäen und acht Wochen später aufs Butterbrot legen. Das Gießen ist für Radieschen besonders wichtig. Wenn sie zuwenig Wasser bekommen, werden sie pelzig und scharf und brennen auf der Zunge. Radieschen machen Appetit und enthalten eine Menge Vitamine. Roh sind sie am gesündesten. In Scheiben geschnitten, in Butter angebraten und leicht gesalzen schmecken sie auch sehr gut.
Radieschen werden besonders zart, wenn du etwas Kresse daneben säst. Auch mit Salat, Tomaten, Bohnen und Erbsen vertragen sie sich gut. Nur Gurken mögen sie nicht.

Gelbe Rüben, Karotten, Möhren: Die gelbe Rübe hat viele Namen und viele Formen. Es gibt walzenförmige in Hellorange; kugelige, die besonders süß schmecken, und große dicke, tiefrote Rüben, die in einer Kiste mit feuchtem Sand den ganzen Winter über aufbewahrt werden können. Am süßesten sind die zarten Babymöhren. Ziehe sie aus dem Beet, wasche sie gut, dann kannst du sie gleich knabbern!
In Rom haben vor fast zweitausend Jahren zwei Dichter die süßen Rüben beschrieben. Sie aßen damals noch die Wilden Möhren. Plinius und Columella – so hießen die beiden – kämen sicher ins Schwärmen, wenn sie die Möhren von heute einmal probieren dürften. In Butter gedünstet oder gar als Möhrentorte: Davon konnte ein alter Römer nur träumen. Wer viel gelbe Rüben ißt, sieht in der Nacht wie ein Luchs und bekommt eine schöne glatte Haut. Kindern helfen die orangefarbenen Wurzeln beim Wachsen.

Gelbe Rüben, Karotten, Möhren

Die Saatrille für gelbe Rüben soll 3 Zentimeter tief sein. Ab März kann gesät werden. Säe die feinen Samenkörner nicht zu dicht in die Saatrille. Jede Saatreihe muß von der nächsten 20 Zentimeter Abstand haben. Gelbe Rüben brauchen sehr lange, bis sie keimen. Das kann bis zu vier Wochen dauern! Wenn die feinen, gefiederten Blättchen erscheinen, zupfst du so viele aus, bis nur noch alle 5 Zentimeter eine Rübenpflanze steht. Ein- bis zweimal während der Wachstumszeit sollten die Möhren Pflanzenjauche bekommen. Gleichmäßiges Wässern ist wichtig, sonst platzen die Wurzeln auf.

Kohlrabi

Kohlrabi brauchen um sich herum 30 Zentimeter Platz. Säe in eine 1 Zentimeter tiefe Saatrille und knipse die Keimlinge ab, die zu dicht wachsen.
Kohlrabi kannst du in einer Anzuchtkiste am Fensterbrett aussäen und die jungen Pflanzen später auf dein Beet setzen. Jungpflanzen gibt es auch bei vielen Gärtnereien zu kaufen. Beim Pflanzen dürfen sie nicht zu tief in den Boden gesetzt werden, sonst bilden sie keine Knollen. Kohlrabi müssen rasch wachsen, sonst werden sie innen holzig. Dünge sie einmal pro Woche mit Pflanzenjauche und gieße sie regelmäßig, dann wachsen sie fast so schnell wie Radieschen.

Gelbe Rüben vertragen sich mit allen Gemüsepflanzen. Besonders gut wachsen sie neben Erbsen und Tomaten. Wenn du ein paar Steckzwiebeln zwischen die Rüben pflanzt, so schützt sie das gegen die Möhrenfliege.

Kohlrabi hießen früher einmal „Stengelrüben“, weil sie aussehen wie dicke Rüben, die über der Erde wachsen. Am schnellsten erntereif sind die „weißen“ Sorten. In Wirklichkeit sind sie aber zartgrün. Die blauen Kohlrabi – sie sind tatsächlich tiefblau – brauchen etwas länger und werden am besten im Sommer gepflanzt.
Die „weißen“ Kohlrabi kannst du schon im März im Folientunnel, Gewächshaus oder Frühbeet aussäen. Die knackigen Knollen schmecken roh aus der Hand gegessen ein wenig wie frische Nüsse. Wer sie als Gemüse andünstet, sollte nicht vergessen, die zarten Herzblätter zu hacken und mitzudünsten. Die enthalten nämlich doppelt soviel Vitamine und Eisen wie die Knolle!
Kohlrabi gedeihen gut neben Tomaten, Kartoffeln und Bohnen. Zwiebeln und Lauch mögen sie nicht.

Frühkartoffeln: „Tartufolo“, was so viel heißt wie „Trüffel“, nannten die Italiener schwärmerisch die Kartoffeln. Nicht immer haben Menschen für die Knollen mit dem gelben oder rötlichen Fleisch geschwärmt. Spanische Seefahrer hatten sie 1560 in den Hochanden, im Reich der Inka, entdeckt und nach Europa gebracht. Dort wurde die Pflanze angebaut, gegessen – und die Leute bekamen furchtbare Bauchschmerzen! Sie hatten nicht gewußt, daß bei der Kartoffel nur die braunen Wurzelknollen eßbar sind. Sie pflückten und kochten die feuerroten, kleinen Früchte, die eine Kartoffelstaude über der Erde ansetzt. Und die sind giftig! Viele Jahre lang wurde die Kartoffel dann nur als Zierpflanze in den Vorgärten angebaut. Erst rund hundert Jahre, nachdem die ersten Kartoffeln mit einem Segelschiff übers Meer gereist waren, wurde bekannt, daß es die braunen Knollen sind, die so köstlich schmecken.
Am feinsten sind die Frühkartoffeln, die im April in den Boden gelegt werden, und die du schon Mitte Juni bis Mitte Juli ernten kannst. Kartoffeln mit grünen Stellen darfst du nicht essen. Sie enthalten das Pflanzengift Solanin. Kartoffeln gedeihen gut neben Kohlrabi, Erbsen, Buschbohnen und Spinat. Setze aber nie eine Sonnenblume in ihre Nähe – das mögen sie gar nicht. Auch Tomaten und Kürbisse sollten weit entfernt gepflanzt werden.
Sellerie und Kartoffeln vertragen sich ebenfalls ganz schlecht.

Frühkartoffeln

Die Saatkartoffeln werden im März nebeneinander in eine Holzkiste gelegt. Das Ende mit den meisten „Augen“ muß nach oben schauen. Bald wachsen feste, grüne Triebe aus den Augen. Im April, wenn es draußen schon warm ist, ziehst du Saatrillen von 5 Zentimeter Tiefe in dein Beet. Kartoffeln brauchen Platz – deshalb muß die nächste Saatreihe 50 Zentimeter Abstand haben. Dann werden die Kartoffeln einzeln, 30 Zentimeter voneinander entfernt, in die Saatrille gelegt. Anschließend ziehst du die Rille zu. Wenn die Kartoffelpflanzen handhoch sind, wird die Erde angehäufelt: Mit der Hacke oder mit dem Rechen ziehst du die Erde seitlich an den Pflanzen hoch, bis sie fast ganz bedeckt sind. So entsteht ein Wall, der ungefähr 20 Zentimeter hoch ist. Obenauf wachsen die grünen Kartoffelpflanzen, im Wall reifen die Wurzelknollen heran. Eine Düngung mit Pflanzenjauche tut den Knollen gut. Wer hat, streut etwas Holzasche in die Saatrillen, aber das muß nicht unbedingt sein. Frühkartoffeln sind reif, wenn ihre Schale so fest ist, daß du sie nicht mehr abreiben kannst.

Kopfsalat: Den teuersten Kopfsalat der Welt züchtete der Dichter Aristoxenos vor mehr als 2000 Jahren. Er goß sein Salatbeet nur mit auserlesenen Weinen. Ob der Salat deshalb besonders gut wurde, ist leider nicht überliefert. Aber sicher ist, daß dieser „Dünger" den griechischen Dichter ziemlich viel Geld gekostet hat! Die Griechen hatten überhaupt eine Vorliebe für den grünen Salat. Allgemein beliebt waren damals aber auch die etwas bitteren Salate, die wild wuchsen.

Der gezüchtete Kopfsalat, von dem es heute Samenkörner zu kaufen gibt, ist kein bißchen bitter. Salat zu essen ist heute selbstverständlich geworden, und kaum jemand weiß, daß er eine uralte Heilpflanze ist: Salat sorgt nämlich für guten Schlaf. Eine Schüssel Kopfsalat zum Abendessen ist deshalb genau das richtige. Du kannst auch ein paar Blätter aufs Brot legen. Zusammen mit Käse und etwas Mayonnaise ist das ein Genuß!

Salat verträgt sich mit allen Gemüsen, außer mit Sellerie. Wenn du in einer Saatschale oder in der Ecke deines Beetes Salat anziehst und auf diese Weise immer junge Pflänzchen zur Hand hast, kannst du im Laufe des Sommers in jede Lücke deiner Gemüsebeete Salat pflanzen.

Wichtig ist beim Kopfsalat die richtige Sorte. Es gibt Frühlingssorten, denen ein wenig Frost nichts ausmacht, und die du schon im Februar unter Glas oder Folie ansäen kannst. Im Sommer nimmst du besser speziellen Sommer-Kopfsalat. Er „schießt" nicht so leicht. „Schießen" heißt, daß der Salatkopf in der Mitte einen Blütenstengel herausschiebt, der bis zu einem Meter hoch werden kann. Kopfsalat blüht sehr hübsch mit kleinen, blauen Blüten. Nur ist er dann leider nicht mehr genießbar, denn er wird sehr bitter.

Kopfsalat

Die feinen Salatsamen werden in eine 1 Zentimeter tiefe Saatrille gesät. Zu dicht stehende Pflänzchen kannst du vorsichtig aus dem Boden holen und anderswo einpflanzen. Eine Salatpflanze braucht rundherum 25 Zentimeter Platz. Sie muß in der vollen Sonne stehen, sonst bildet sie keinen festen Kopf aus, sondern lauter flattrige Blätter. Dünge einmal mit Pflanzenjauche. Aber bitte vorsichtig: Die Jauche darf nur auf den Boden gegossen werden, nicht über die Salatblätter – sonst riechen sie nach Jauche.

Ackersalat, Feldsalat: Die unbezähmbare Lust auf Salat aus Nachbars Garten brachte die Mutter des schönen Mädchens Rapunzel in arge Bedrängnis. So jedenfalls erzählen es die Gebrüder Grimm in ihrem Märchen: „Da erblickte sie ein Beet, das mit den schönsten Rapunzeln bepflanzt war, und sie sahen so frisch und grün aus, daß sie das größte Verlangen empfand, von den Rapunzeln zu essen. Das Verlangen nahm jeden Tag zu, und da sie wußte, daß sie keine davon bekommen konnte, so fiel sie ganz ab, sah blaß und elend aus."

Ihr besorgter Ehemann stieg über die Mauer und stibitzte die Rapunzeln – mit bösen Folgen, wie man weiß: Der Garten gehörte einer Zauberin, und die verlangte für ihren Feldsalat die schöne Rapunzel. „Rapunzel" ist nämlich das alte Wort für Feldsalat oder Ackersalat.

Ackersalat wächst im Winter, wenn der Garten unter Schnee und Eis begraben liegt und es sonst keinen frischen Salat mehr im Garten gibt. Mit Zitronensaft und feingehackten Zwiebeln angemacht, schmeckt er am besten. Und du bekommst sogar im Winter Vitamine.

Ackersalat wird im August oder September auf ein abgeerntetes Beet gesät. Pflanzennachbarn hat er hier nicht. Die Ernte ist am einfachsten, wenn

Ackersalat, Feldsalat

Vor dem Säen wird das Beet gut gesäubert und mit einer dünnen Schicht von reifem Kompost bedeckt oder mit reichlich Pflanzenjauche getränkt. Mehr Dünger braucht der Feldsalat nicht. Ziehe 1 Zentimeter tiefe Saatrillen über das ganze Beet. Jede Rille muß 10 Zentimeter von der nächsten entfernt sein. Säe den Feldsalatsamen sehr dünn in diese Rillen. Die einzelnen Pflanzen werden später so groß wie dein Handteller, wenn sie genügend Platz haben. Die Saatrillen werden mit dem Rechen zugezogen. Die Erde muß besonders gut festgeklopft werden, damit der Feldsalat gleichmäßig keimt. Zur Ernte kannst du die ganze Pflanze abschneiden. Wenn du aber nur die äußeren Blätter nimmst und das Herz stehenläßt, wächst er weiter, und du kannst ein zweites Mal ernten.

Gartenkresse

Kressesamen werden einfach auf den glatt geharkten Boden gestreut. Du brauchst sie nicht mit Erde zuzudecken. Sie müssen nur gleichmäßig feucht gehalten werden, dann keimen sie blitzschnell. Zur Ernte schneidest du die Kresse einfach mit der Schere ab. Die Wurzeln dürfen nicht im Boden bleiben. Sie kommen auf den Kompost.

du den Feldsalat in ein Gewächshaus, ein Frühbeet oder einen Folientunnel säen kannst. Wenn das nicht geht, deckst du ihn zu Beginn des Winters mit Tannenzweigen oder anderem Reisig ab. Wenn der Schnee nicht gerade meterhoch liegt, kannst du diese Abdeckung jederzeit hochheben und den Salat schneiden.

Gartenkresse: Die Kresse ist der schnellste Salat des Gartens: Du kannst sie säen, wässern und schon nach einer Woche schneiden! Jung und zart ist sie besonders mild. Läßt du die Kresse älter werden, macht sie ihrem zweiten Namen „Pfefferkraut“ alle Ehre. Kresse kannst du im zeitigen Frühjahr säen und hast dann schon sehr früh frischen Salat. Als Beeteinfassung sieht sie besonders hübsch aus. Oder du säst den Anfangsbuchstaben deines Namens ins Beet!
Aber Vorsicht: Lasse nicht zuviel Kresse in deinem Garten wachsen, denn sie muß schnell gegessen werden. Deshalb ist es besser, weniger und dafür öfter zu säen. Außerdem mögen viele Pflanzen die „pfeffrige“ Kresse nicht: An der Stelle, wo vorher Kresse wuchs, gehen sie ein. Das liegt an den Duftölen der Kresse, die recht scharf sind. Radieschen allerdings vertragen sich gut mit Kresse. Du kannst sie neben die Radieschen säen oder einfach einige Kressesamen zwischen den Radieschen verteilen. Das macht sie zart und aromatisch.

Erbsen kannten die Menschen früher nur als Trockenerbsen. Im Winter waren sie ein wichtiger Fleischersatz für arme Leute. Da hieß es dann: „Erbsenbrei heiß, Erbsenbrei kalt, Erbsenbrei im Topf, vier Tage alt.“

Frische Erbsen aus dem Garten dagegen sind eine Delikatesse. Es gibt verschiedene Sorten: Bei Zuckererbsen wird die ganze Schote geerntet, solange sie noch jung und zart ist, in Butter gedünstet und gegessen. Bei Palerbsen und Markerbsen werden die einzelnen Erbsen aus den Schoten gepult und dann gedünstet.
Die meisten Erbsen brauchen eine Kletterhilfe. Stecke trockenes Tannenreisig oder Äste neben die Saatreihe in den Boden. Du kannst auch zwei Pflöcke in den Boden schlagen und ein Stück Maschendraht dazwischen spannen. Oder du läßt deine Erbsen einfach am Zaun hochranken. Einige neuere Züchtungen brauchen keine Stütze zum Klettern. Bei so vielen verschiedenen Sorten ist es deshalb besonders wichtig, daß du vor dem Kauf genau liest, was auf dem Samentütchen oder auf der Schachtel steht!
Alle Erbsensorten enthalten viel Eiweiß. Wer Fleisch nicht so gerne mag, kann sich an Erbsen halten: Sie sind sehr gesund. Erbsen gedeihen gut neben Salat, gelben Rüben, Zucchini und Kohlrabi. Säe sie aber nie neben Bohnen oder Kartoffeln.

Bohnen wurden einst angebaut, weil sie so hübsch aussahen: Weiß, blauviolett oder feuerrot sind ihre Blüten. Sie kommen ebenso wie die Kartoffeln aus Südamerika. Die spanischen Eroberer hatten sie bei den Azteken entdeckt. Dieses hochentwickelte Volk, das fabelhaft rechnen konnte und Bauwerke schuf, vor denen wir noch heute staunend stehen, kannte keine eßbaren Haustiere. Schweineschnitzel oder Steak gab es nicht bei ihnen. Was sie an Eiweiß brauchten, bekamen die Azteken aus der Bohne. Deshalb sind Bohnen jeder Art besonders wichtig für Menschen, die kein Fleisch mögen.
Stangenbohnen werden doppelt so hoch wie ein Mensch und brauchen eine Stange zum Hochklet-

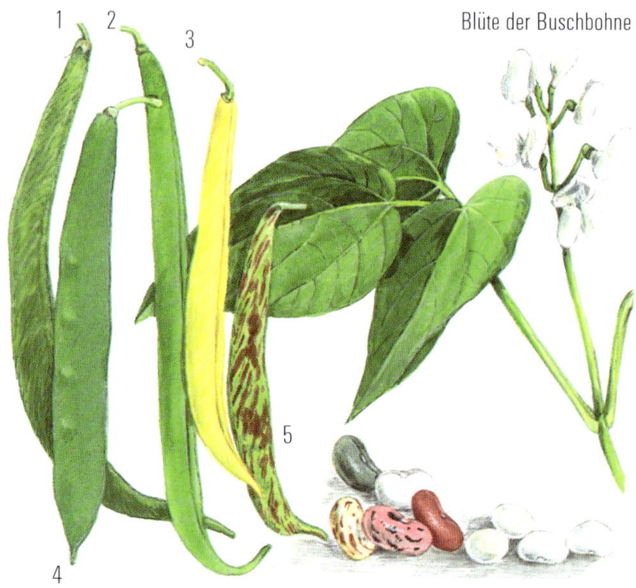

Erbsen
Erbsen werden ab Mitte April gesät. Ziehe eine 5 Zentimeter tiefe Saatrille und lege die großen Samenkörner im Abstand von 3 Zentimetern hinein. Die nächste Saatreihe muß 40 Zentimeter entfernt sein. Wenn die jungen Pflanzen so hoch sind wie deine Hand, häufelst du etwas Erde an, so wie wir es bei den Kartoffeln beschrieben haben. Nach zwei bis drei Monaten ist die erste Ernte. Die untersten Erbsenschoten pflückst du zuerst. Bei vielen Sorten geht die Ernte bis zum Herbst.

Bohnen
Bohnenstangen werden im Abstand von 50 Zentimetern senkrecht in den Boden gerammt. Um jede Bohnenstange ziehst du einen kleinen Kreis, eine runde Saatrille von 3 Zentimeter Tiefe. Acht Bohnen werden gleichmäßig in diesem Kreis verteilt und mit Erde bedeckt. Bohnen darfst du nie vor Mitte Mai aussäen, denn sie sind sehr frostempfindlich.

1 Feuerbohne 2 Primelbohne 3 Wachsbohne 4 French Navy-Bohne 5 Borlotto-Bohne

tern. Buschbohnen brauchen keine Kletterhilfen. Sie werden zu viert in einem kleinen Kreis gesät – ein Nestchen aus Bohnen. Die einzelnen Nester sollen 40 Zentimeter Abstand voneinander haben. Geerntet werden Bohnen, solange sie noch dünn und fein sind – dann schmecken sie butterzart.
Bohnen enthalten viele Vitamine und andere Stoffe, die ein Kind zum Wachsen braucht. Aber Vorsicht: Rohe Bohnen sind giftig! Sie müssen immer mindestens 15 Minuten gekocht werden! Du darfst niemals auf rohen Bohnen herumkauen. Sie enthalten eine Art von Blausäure und verursachen entsetzliche Bauchschmerzen. Für kleinere Kinder sind sie sogar lebensgefährlich. Beim Kochen wird der Giftstoff völlig zerstört.
Bohnen wachsen am besten neben Salat und Kartoffeln. Die niedrigen Buschbohnen dürfen auch neben Tomaten stehen. Erbsen mögen sie dagegen nicht in ihrer Nähe.

Kürbis
Stecke die Kürbissamen Anfang Mai in kleine Blumentöpfe mit Aussaaterde oder Blumenerde. In jeden Topf kommt ein Samen. Sie keimen schnell. Ende Mai, wenn wirklich kein Nachtfrost mehr droht, kannst du die fleischigen Pflanzen im Freien einpflanzen. Achte in den ersten Wochen auf Schnecken – sie lieben Kürbisse. Die mächtige Kürbispflanze hat enormen Appetit. Am besten gedeiht sie an einem Platz, der mit viel Kompost und verrottetem Mist versorgt wurde. Während des Sommers schluckt der Kürbis so viel Pflanzenjauche, wie du nur übrig hast. Werden die Früchte langsam groß und schwer, schiebst du etwas Stroh oder ein Holzbrett darunter. So liegen sie trocken und faulen nicht.

Kürbis: Mit seinen riesigen gelben Blüten und den großen Blättern ist der Kürbis eine überaus mächtige Pflanze. Leider wird er auch mächtig groß. Eine einzige Pflanze braucht 3 bis 4 Quadratmeter Platz! Wer möchte und genügend Raum zur Verfügung hat, kann gleich mehrere Kürbissorten ausprobieren. Sie sind alle delikat.
Die melonengelben Riesen heißen nicht umsonst „Gelber Zentner“: Sie werden groß wie ein Wagenrad und können enorm viel wiegen. Ihr Fleisch kann süß-sauer eingelegt werden, wie Essiggurken, und schmeckt den ganzen Winter über. Es paßt auch gut in Obstsalat. Wenn du von der gelben Kugel den Boden abschneidest und sie vorsichtig aushöhlst, kannst du einen leuchtenden Kürbiskopf basteln. Schneide Öffnungen für Augen, Mund und Nase und stelle eine Kerze in den Kürbis. Das wirkt in der Dunkelheit enorm!
Der Ölkürbis wird nicht ganz so groß. Dafür hat er eine besondere Überraschung in seinem grüngestreiften Bauch: Die Kerne des Ölkürbis sind die einzigen, die keine Schale haben. Mancherorts wird ein dunkelgrünes Öl daraus gepreßt, das stark nach Nüssen schmeckt. Du kannst die Kerne herauslösen, trocknen, auf dem Blech im Backofen ein wenig rösten und ohne zu schälen aufessen. Das Fleisch des Ölkürbis ist besonders fein, wenn es in Salzwasser gedünstet, püriert und mit etwas Sahne verrührt wird. Probleme mit Nachbarpflanzen gibt es beim Kürbis nicht: Er wird so riesig, daß die nächste Pflanze sowieso weit weg gesetzt werden muß.

Zucchini: Die Zucchini gehört zur Familie der Kürbisse. Wahrscheinlich warten deshalb viele Leute, bis die Zucchini zu riesigen grünen Keulen herangewachsen sind, bevor sie die Frucht ernten. Das ist aber ganz falsch: In dieser Größe schmecken Zucchini nur noch nach nasser Watte. Die Früchte müssen geerntet werden, wenn sie 20 Zentimeter lang sind. Dann werden sie gewaschen, in Scheiben geschnitten und angebraten.

Zucchini
Zucchinisamen werden Anfang Mai einzeln in Töpfe mit Blumenerde gesteckt. Ende Mai werden sie auf ihr Beet ausgepflanzt. Grober Kompost als Mulchdecke um die Füße bekommt ihnen besonders gut. Sie sind dankbar für einen wöchentlichen Guß Pflanzenjauche. Vorsicht bei der Ernte der Zucchinifrüchte: Die Pflanze ist etwas stachelig.

Leicht salzen – fertig. Auch mit Tomaten, Zwiebeln und Paprika schmecken sie sehr fein.
Zucchini brauchen nur halb soviel Platz wie Kürbisse. Sie gedeihen gut in der Nähe von Stangenbohnen und Salaten. Kartoffeln dagegen können sie nicht riechen.

Tomate: Wie süß und fein reife Tomaten schmecken, wußten schon die Azteken vor 600 Jahren. Sie nannten die roten Früchte „tomatl". Der Name der „Tomate" ist also ein altes Indianerwort. Aus Mexiko reisten die Samen der „Goldäpfel" oder „Liebesäpfel" mit einem großen Segelschiff nach Europa. Die Spanier waren anfangs von den Tomaten gar nicht angetan: Sie hielten die Pflanze für giftig und trauten sich nicht, in die saftigen Früchte zu beißen.
Tomaten sind sehr sonnenhungrig – das haben sie aus ihrer Heimat. Einen sonnigen Platz und reichlich Düngernahrung braucht die Indianerpflanze, dann kannst du Früchte ernten, die viel würziger sind als die blassen Dinger aus dem Supermarkt!
Tomaten enthalten so viele Vitamine wie kaum ein anderes Gemüse. Vitamin A, C, sogar das sel-

Tomaten
Anfang März werden Tomatensamen in ein Anzuchtkistchen mit Erde gesät, 1 Zentimeter hoch mit Erde abgedeckt und warm gestellt. Sobald die ersten Keimspitzen hervorlugen, brauchen die Keimlinge Licht. Die Kiste wird in einem geheizten Zimmer ans Fenster gestellt. Wenn sich neben den Keimblättern das erste richtige Blattpaar gebildet hat, werden die Tomaten pikiert: Mit einem Pikierholz oder einem Löffelstiel holst du sie heraus und setzt sie einzeln in kleine Töpfchen mit Erde. Das machst du bis Mitte Mai noch ein- bis zweimal, wobei du jedesmal größere Töpfe nimmst. Der letzte Topf darf 10 Zentimeter Durchmesser haben. Stelle die Töpfe an warmen Tagen ins Freie, damit sie sich an die Luft gewöhnen. Mitte bis Ende Mai werden die Tomaten in dein Beet gepflanzt. Sie brauchen 80 Zentimeter Platz rund um sich herum. Setze die Pflanze etwas tiefer in den Boden, als sie im Topf stand, und ramme daneben einen kräftigen Stock in den Boden. An diesem Stock wird die Pflanze, während sie höherwächst, laufend angebunden.
Einmal in der Woche mußt du Triebe auskneifen, die in den Blattachseln erscheinen. Man nennt das „ausgeizen". So viel Geiz muß sein, damit die Pflanze viele Früchte trägt: Die Seitentriebe würden sie zuviel Kraft kosten. Ein wöchentlicher Guß Pflanzenjauche und Grobkompost als Mulchdecke lassen die Tomate prachtvoll gedeihen.

tene Vitamin E ist drin, und noch viele andere wichtige Stoffe.
An den Pflanzen, die du beim Gärtner kaufen kannst, wachsen meist nur die runden, glatten Tomaten. Wenn du Spaß am Ausprobieren verschiedener Sorten hast, ziehst du dir die Pflanzen selbst heran. So kannst du die schweren, gerippten Fleischtomaten ernten oder die schmalen italienischen Eiertomaten. Ganz besonders süß schmecken die kirschgroßen Cocktail- oder Kirschtomaten, die in dichten Trauben an der Pflanze hängen.
Tomaten wachsen gern neben gelben Rüben, Salat und Radieschen. Gurken, Erbsen und Kartoffeln in ihrer Nähe mögen sie allerdings überhaupt nicht.

Die duftenden Küchenkräuter

Schnittlauch: Die feinen grünen Röhren des Schnittlauchs werden mit der Schere abgeschnitten und sind köstlich auf Butterbrot oder im Quark. Wenn diese Würzpflanze einmal auf deinem Beet wächst, hast du lange Freude an ihr. Im Herbst sinkt sie in den Winterschlaf und treibt im nächsten Frühjahr zeitig wieder ihre aromatischen grünen Röhren. Die blaßrosa Blüten kannst du abzwicken, wenn du besonders lange ernten möchtest. Wenn du sie dranläßt, freuen sich die Hummeln.

Dill: Der zartgefiederte Dill stammt aus dem Orient. Sein Name aber kommt aus dem kalten

Schnittlauch
Schnittlauch kaufst du am besten als Jungpflanze im Topf. Setze ihn an einen sonnigen Platz und gib etwas reifen Kompost außen herum. Zweimal im Sommer wird die Erde um den Schnittlauch vorsichtig mit Pflanzenjauche gegossen. Wenn der Stock schon im Juli oder August gelb wird, braucht er einen Extraschluck Jauche. Schneide die Röhren nie zu tief ab, sonst geht der Schnittlauch ein.

Dill
Die Saatrille für Dill muß 1 Zentimeter tief und 30 Zentimeter von der nächsten Saatrille entfernt sein. Säe die Samenkörner dünn und bedecke sie vorsichtig mit Erde. Wenn die Keimlinge erscheinen, läßt du sie erst ein bißchen wachsen. Dann kannst du zu dicht stehende Pflanzen herausziehen und gleich für Salate, Suppen oder Soßen verwenden.

Norden: Er ist von dem Norwegischen „dilla" abgeleitet, was soviel heißt wie „in den Schlaf wiegen". Dill schmeckt nicht nur unvergleichlich, wenn er frisch gehackt über Salate und Soßen gestreut wird, sondern er ist auch eine ehrwürdige Heilpflanze. Dill hilft gegen Magenschmerzen und befreit Kinder vom Schluckauf. Dillsamen nimmt man zum Einlegen von Gewürzgurken. Früher wurden sie geröstet und zur Vorbeugung gegen allerlei Wehwehchen, die den Schlaf stören könnten, pur gegessen.
Dill schmeckt als junge Pflanze am besten. Säe deshalb wenig, dafür alle paar Wochen an einem neuen Platz. Von der ersten Aussaat läßt du einige Pflanzen blühen. Das freut Bienen und Schwebfliegen. Außerdem kannst du reife Samenkörner für das nächste Jahr ernten.
Gutes Wässern ist bei diesem zarten Kraut besonders wichtig, sonst machen sich Blattläuse darüber her. Dill braucht einen Platz in der vollen Sonne.
Neben gelben Rüben, Erbsen, Salat und Kohlrabi wächst Dill am besten. Wenn du im Garten Gurken hast, die später sauer eingelegt werden sollen, kannst du auch in ihre Nähe etwas Dill säen. Ein toller Gärtnertrick ist, ein paar Dillsamen in die Reihe mit den gelben Rüben zu legen. Der Dill keimt viel früher als die langsamen Rüben. So kannst du schon bald sehen, wo die Rübenreihe verläuft, und kannst vorsichtig die Erde rechts und links davon lockern. Neben Tomaten wächst Dill nicht so gut.

Petersilie ist ein Geduldsspiel: Bis sie keimt, so sagten die Gärtner früher, muß sie „siebenmal zum Teufel und zurück". Im Geschmack ist Petersilie allerdings himmlisch: Die dunkelgrüne, glatte Petersilie ist am würzigsten, die krause Sorte sieht dafür lustiger aus. Kein Küchenkraut ist so gesund wie die Petersilie, denn sie enthält viele Vitamine und Eisen. Als Heilpflanze soll sie bei vielen Krankheiten wie Schnupfen, Husten und Rheuma gut sein. Petersilie gedeiht besonders gut in der Nähe von Tomaten. Mit Kopfsalat verträgt sie sich weniger gut.
Auch Zwiebeln und Knoblauch wachsen besser etwas entfernt von der Petersilie.

Petersilie
Petersilie verträgt Kälte. Deshalb kann sie, wenn der Boden aufgetaut ist, schon Anfang März gesät werden. Ziehe 1 Zentimeter tiefe Saatrillen, die 10 Zentimeter Abstand voneinander haben. Du mußt gut aufpassen, daß die Samenkörner während der langen Keimzeit nicht austrocknen. Im Juni und Juli bekommt die Petersilie je einen vorsichtigen Guß mit Pflanzenjauche an ihre Füße. Decke im Herbst etwas Reisig über die Petersilie, dann kannst du noch im Winter frische grüne Blättchen ernten.

Basilikum ist in Indien ein heiliges Kraut und dem Gott Krischna geweiht. Bei uns wird es auch „Königskraut" genannt. Basilikum soll Kopfschmerzen vertreiben. Viel wichtiger als die Heilwirkung aber ist das einzigartige Aroma dieser Würzpflanze. Am allerbesten schmeckt sie zusammen mit Tomaten. Sie paßt aber auch zu Geflügel und in viele Suppen. Nimm immer nur wenige Blättchen, denn das Aroma ist sehr stark.
Es gibt verschiedene Sorten von Basilikum. Das kleinblättrige wächst buschig und bleibt niedrig. Das großblättrige ist etwas gröber und hat ein stärkeres Aroma. Ein leuchtender Farbtupfer auf jedem Beet ist das rote Basilikum, das es erst seit kurzem zu kaufen gibt. Mit seinen glänzenden,

Basilikum
In eine Saatschale füllst du Erde und klopfst sie ganz glatt. Darauf wird dünn der Basilikumsamen gestreut. Feuchte ihn vorsichtig mit einem Wasserzerstäuber an und decke eine Glasscheibe oder ein Stück Haushaltsfolie über die Schale. Diese Abdeckung darf die Erde nicht berühren. Stelle die Schale ans Fenster. Basilikumsamen brauchen Licht zum Keimen. Ende Mai pflanzt du das Basilikum büschelweise an einen sehr sonnigen, warmen Platz. Besonders gut gedeiht Basilikum im Gewächshaus oder im Frühbeet.

Liebstöckel
Liebstöckel kaufst du am besten als junge Pflanze im Topf. Du brauchst ja nur eine einzige Pflanze. Grabe mit der Pflanzschaufel ein Loch, das doppelt so groß ist wie der Wurzelballen, und fülle reifen, feinen Kompost hinein. Setze die Pflanze in den Boden und drücke die Erde rundherum fest an. Dann wird mit viel Wasser angegossen. Wenn du keinen Kompost hast, gießt du am besten mit verdünnter Pflanzenjauche. Im ersten Jahr solltest du nicht zu viele Blätter ernten, damit die Pflanze kräftig werden kann.

dunkelroten Blättern und den zartrosa Blüten ist es fast zu schön zum Aufessen.
Die tropische Pflanze braucht viel Wärme. Säe Basilikum im April im Zimmer in eine Saatschale. Vor Ende Mai dürfen die Pflanzen auf keinen Fall ins Freie. Die ersten Blättchen kannst du ernten, wenn die Pflanze handhoch ist. Später gibt es reichere Ernte. Wenn Basilikum blüht, schneidest du ihn ab und trocknest die Blättchen als Vorrat für den Winter. Basilikum wächst am liebsten neben Tomaten.

Liebstöckel heißt auch Maggikraut, und seine gezackten großen Blätter riechen tatsächlich wie Suppenwürze. Die jungen, hellgrünen Blätter schmecken am besten. Fein gehackt, würzen sie Salatsoßen, Kräuterquark, Suppen und Gulasch. Die uralte Kulturpflanze ist in Europa zu Hause. Einmal gepflanzt, kannst du viele Jahre ernten. Im Winter frieren die Blätter des Liebstöckels ganz ab. Im Frühjahr treibt er aus den Wurzeln wieder neue. Du kannst die Pflanze auch trocknen und als Suppenwürze verwenden.
Der Liebstöckel braucht nur eines: Platz! Wenn du ihn im Herbst mit Kompost versorgst und während des Sommers ab und zu einen Schluck Pflanzenjauche gießt, kann die Staude bis zu 3 Meter hoch werden. Setze die Pflanze in eine eigene Ecke, vielleicht am Zaun, wo sie sich ungestört ausbreiten kann.

Bohnenkraut

Ziehe im Mai eine ganz flache Saatrille und streue die Bohnenkrautsamen dünn hinein. Erde wird nicht darauf gerecht, denn Bohnenkrautsamen brauchen wie Basilikum Licht zum Keimen. Du mußt nur darauf achten, daß die Saat immer feucht bleibt.
Wenn die Keimlinge erscheinen, läßt du die stärksten stehen. Sie müssen einen Abstand von 20 Zentimeter haben. Die schwachen Pflanzen werden abgeknipst und gleich gegessen. Bis zur Blüte kannst du laufend ernten. Wenn sich die ersten Knospen öffnen, ziehst du das ganze Kraut heraus und hängst es kopfüber an einer schattigen Stelle zum Trocknen auf. So hast du einen Vorrat für den Winter.

Bohnenkraut: Als der Pfeffer noch so selten und teuer war, daß er mit Gold aufgewogen wurde, konnten sich arme Leute dieses Gewürz nicht leisten. Die Reichen aber verbrannten sich mit riesigen Portionen Pfeffer die Kehlen. Wer weniger Geld hatte, wußte sich anders zu helfen: Man säte einfach Pfefferkraut und würzte das Essen mit dieser Pflanze, die fast so scharf war wie der Pfeffer selbst.
Wir kennen das Pfefferkraut unter dem Namen „Bohnenkraut", aber so riesige Mengen wie früher nimmt heute kein Mensch mehr, denn es dient ja nicht mehr als Ersatz für Pfeffer. Ein kleiner Zweig, ein paar feingehackte Blättchen genügen, damit es sein Aroma entfaltet. Das Bohnenkraut paßt hervorragend zu grünen Bohnen und Kartoffelgerichten. Außerdem würzt es das Öl zu Grillfleisch und Fisch und rundet den Tomatensalat ab. Aus Bohnenkraut kannst du sogar Tee kochen – das ist gut für den Magen.
Bohnenkraut wächst am liebsten neben Bohnen. Säe es zwischen Buschbohnen oder zu Füßen einer Stangenbohne.

Borretsch: Die schwarzen, runden Samen des Borretsch kannst du manchmal im Vogelfutter finden. Vögel verschleppen ihn dann in jede Gartenecke. Deshalb wächst das Würzkraut mit den rauhen Blättern und den zarten blauen Blüten

Borretsch

Die Saatrille für Borretsch soll 3 Zentimeter tief sein. Lege die großen Samenkörner im April einzeln in 30 Zentimeter Abstand hinein. Sie werden gut mit Erde bedeckt und feucht gehalten. Die saftige Pflanze braucht reichlich Wasser. Dann treibt sie aus den Blattachseln viele zarte Blätter, und du kannst lange ernten.

manchmal an den unmöglichsten Plätzen. Wenn der Borretsch in deinem Garten noch nicht zu Hause ist, solltest du ihn unbedingt aussäen.
Die zarten, jungen Blätter schmecken nach Gurken und können zusammen mit Dill bei Gurken- oder Kopfsalat verwendet werden. Wenn man die älteren Blätter überbrüht, damit die stachelige Oberfläche glatt wird, kann Borretsch wie Spinat zubereitet werden.
Die blauen Blüten sind eßbar, und du kannst damit den Salat garnieren. Das ist ungewöhnlich und sieht sehr schön aus. Im Garten sind die Blüten ein Anziehungspunkt für Bienen und Hummeln. Deshalb sollten irgendwo auf dem Beet immer ein paar Borretschpflanzen blühen dürfen.
Am besten gedeiht der Borretsch neben Salat. Er darf auch an den Rand des Erdbeerbeetes. So schützt er die Beeren vor Blattläusen und zieht viele Bienen an, die auch die Erdbeeren bestäuben.

Majoran riecht unwiderstehlich nach Leberwurst, denn er ist das wichtigste Gewürz für diese Streichwurst. Ganz wunderbar schmeckt er auf Pizza und in Kartoffelsuppe. Majoran ist ein frostempfindliches Kraut, das jedes Jahr neu gesät werden muß. Kurz bevor die kugeligen Blütenknospen aufbrechen, wird die Pflanze über dem Boden abgeschnitten und kopfüber zum Trocknen aufgehängt. Reibe die trockenen Blättchen mit

Majoran
Majoran wird nicht vor Mitte Mai ausgesät. Ziehe flache Saatrillen und säe den Majoran hinein. Die Samen werden nur dünn mit Erde übersiebt. Die Saat muß gleichmäßig feucht gehalten werden. Ende Mai werden immer drei Pflänzchen zusammen mit 15 Zentimeter Abstand auf ein Beet gepflanzt. Dünger braucht der Majoran nicht.

Zitronenmelisse
Kaufe im Frühjahr eine einzelne Jungpflanze beim Gärtner. Mehr brauchst du im Garten nicht. Wenn du jemanden kennst, der Zitronenmelisse im Garten hat, kannst du ihn auch im Herbst um ein kleines Stück vom Wurzelstock bitten. Suche eine sonnige Stelle aus, etwas abseits von den anderen Pflanzen, und lasse 50 Zentimeter Platz rundherum. Dort wird die Jungpflanze im Frühjahr oder das Stück Wurzelstock im Herbst eingepflanzt. Gib der Zitronenmelisse jedes Jahr reichlich Kompost um die Füße – mehr Dünger braucht sie nicht.

den Fingern von den Stengeln und fülle sie in ein Schraubglas. Dann kannst du noch im Winter mit eigenem Majoran würzen.

Zitronenmelisse: Ein würziger Duft nach Zitronen weht aus der Gartenecke, in der die Zitronenmelisse wächst. Wenn die Staude genug Raum hat, wird sie stattliche 70 Zentimeter hoch. Zitronenmelisse ist ausdauernd. Sie treibt jedes Jahr von neuem duftende Blätter aus ihrem Wurzelstock. Hunderte von Bienen kommen in den Garten, wenn die Zitronenmelisse blüht. Die Pflanze ist ein altes Heilkraut, das beruhigt und Schmerzen lindert. Wenn das Kraut vor der Blüte getrocknet wird, kannst du Tee daraus kochen. Auch als Badezusatz mit Zitronenaroma ist es gut geeignet. Die zarten Blättchen werden vom ersten Austrieb im Frühjahr bis kurz vor der Blüte geerntet und frisch verwendet. Sie schmecken in allen Gerichten, zu denen auch Zitrone paßt, sogar im Obstsalat und in Milchspeisen. Die Zitronenmelisse ist also das einzige „süße" Würzkraut im Garten.
Schwierigkeiten mit Pflanzennachbarn hat die Zitronenmelisse nicht. Dank ihrer Größe wachsen in ihrer Nähe keine anderen Pflanzen.
Ebenso würzig und aromatisch ist die Pfefferminze. Für Tee werden die Blätter frisch gepflückt, wenn die Pfefferminze zu blühen beginnt, und mit kochendem Wasser übergossen. Dieser Tee schmeckt köstlich. Pfefferminze ist ausdauernd. Sie treibt jedes Jahr unter der Erde neue Wurzelausläufer, die plötzlich im Nachbarbeet zum Vorschein kommen. Deshalb muß sie einen Platz für sich alleine haben. Außer Kompost im Herbst braucht die Pfefferminze keinen anderen Dünger. Wenn du auf den Geschmack gekommen bist, kannst du nach und nach die anderen Minzen ausprobieren. Die Pfefferminze hat nämlich eine große Familie: die Bachminze, die am liebsten am Teichrand steht; die Orangenminze mit ihrem Zitrusduft; die Ananasminze mit dem tropischen Aroma; die Apfelminze, besonders mild und fruchtig; die Poleiminze, die Gewürz- und die Krauseminze, und schließlich Spearmint – das schmeckt wirklich nach Kaugummi!

Gärtnergeschichten von Beeren

Erdbeeren: Die kleinen, duftenden Walderdbeeren sind die Urgroßeltern unserer Gartenerdbeeren. Im 18. Jahrhundert brachten Seefahrer aus Amerika eine Sorte mit, die große Beeren, aber fast kein Aroma hatte. Geschickte Züchter kreuzten verschiedene Beerensorten, und es entstand die Gartenerdbeere von heute. Am besten schmecken Erdbeeren, wenn sie frisch und reif aus dem Garten geerntet werden.
Wenn du die richtigen Sorten wählst, kannst du den ganzen Sommer lang Erdbeeren ernten. Sie werden nämlich ganz unterschiedlich reif: Es gibt frühe Sorten, die du schon Ende Mai pflücken kannst. Dann kommen die mittelspäten und späten Sorten, deren Ernte sich bis Ende Juli hinzieht. Und dann gibt es noch die immertragenden Erdbeeren. Ihre Früchte sind ein wenig kleiner, aber sie blühen und tragen Beeren, bis der erste Frost kommt.
Lasse dich beim Kauf von Erdbeerpflanzen für deinen Garten von einem guten Gärtner beraten. Wenn du von jeder Sorte eine oder zwei Pflanzen hast, kannt du monatelang die süßen Beeren genießen. Erdbeeren sind nicht nur lecker, sondern auch sehr gesund. Der große Botaniker Linné soll mit einer Erdbeerkur seine Gicht geheilt haben. Die Früchte enthalten viele natürliche Zuckerstoffe, Fruchtsäuren und Vitamine.
Erdbeeren brauchen ein Beet oder ein Beetstück für sich allein. Der Boden sollte leicht sauer sein (pH 5,5). Die Pflanzen können drei Jahre lang stehenbleiben. Dann legst du mit neuen Pflanzen ein neues Beet an. Du kannst dir die Pflanzen leicht selbst ziehen: Erdbeeren bilden lange Stiele aus, an denen Ableger sitzen. Diese Ableger schneidest du dicht bei der Mutterpflanze ab und steckst sie im August auf dem neuen Beet in den Boden. Sie bekommen Wurzeln, und schon im nächsten Sommer tragen sie Früchte.
Wenn du ein paar Steckzwiebeln oder einige Knoblauchzehen zwischen die Pflanzen in den Boden setzt, bekommen die Beeren ein noch besseres Aroma.

Erdbeeren

Erdbeeren brauchen ein Beet mit lockerer Erde, unter die reichlich guter Kompost gemischt wurde. Die Pflanzen werden im Abstand von 30 Zentimeter gepflanzt. Wenn du mehrere Reihen setzen möchtest, muß der Abstand von einer Reihe zur nächsten 50 Zentimeter betragen. Am Anfang sieht es aus, als würde fast nichts auf dem Beet stehen, aber die Erdbeeren breiten sich rasch aus.

Grabe mit der Pflanzschaufel ein Loch, in dem die Wurzeln der kleinen Pflanzen bequem Platz haben. Sie dürfen nicht zu tief in den Boden, sonst fault das Herz der Pflanzen. Erde wird angefüllt und leicht angedrückt. Dann werden die neuen Pflanzen gut gewässert. Zwischen die Reihen kommt eine Mulchdecke aus grobem Kompost, verrottetem Laub oder aus Stroh. So bleiben die Früchte schön sauber, und du mußt nicht hacken.

Erdbeeren darfst du nie am Abend gießen, sonst werden sie krank. Gieße morgens mit abgestandenem Wasser, dann trocknen die Blätter schneller wieder ab.

Nach der Ernte schneidest du alle großen Blätter ab. Das Herz der Pflanze bleibt stehen. Auch alle Ausläufer mit Ablegern werden abgeschnitten und kommen auf den Kompost. Jetzt braucht die Erdbeere Nahrung fürs nächste Jahr. Sie bekommt wöchentlich bis zum Herbst Pflanzenjauche. Zwischen die Reihen streust du guten Kompost und eine neue Mulchschicht aus Stroh oder Hobelspänen.

Wenn du ein neues Erdbeerbeet anlegen willst, schneidest du von den Ausläufern die kräftigsten Ableger ab. Diese Pflänzchen werden im August auf ein schattiges Beet gepflanzt. Sie treiben rasch Wurzeln und tragen im nächsten Sommer die ersten Früchte.

Himbeeren

Grabe mit der Pflanzschaufel ein Loch in die Erde, in das die Wurzeln der jungen Himbeere hineinpassen ohne abzuknicken. Die Pflanze wird hineingestellt und das Loch vorsichtig mit Erde aufgefüllt. Tritt den Boden fest und gieße die Himbeere an.

Himbeeren treiben im Sommer neue Ruten aus, die im nächsten Jahr Früchte tragen. Nach der Ernte mußt du alle abgeernteten Zweige über dem Boden abschneiden. Sie würden keine Früchte mehr tragen, sondern absterben. Dann bindest du die jungen Ruten für das nächste Jahr am Zaun oder Spalier fest und versorgst die Pflanze mit reifem Kompost als Dünger.

Himbeeren: Ein Arzt sagte vor hundert Jahren, Himbeeren seien genau die richtige Medizin für Leute mit schlechter Laune. Er hat aber leider nicht gesagt, warum das so sei. Vielleicht meinte er einfach, daß die vielen Vitamine der Beeren gute Laune machen.

Himbeeren schwanken im Wind und können abknicken. Deshalb brauchen sie eine Stütze. Wenn dein Beet an einen Zaun grenzt, kannst du einige Himbeerpflanzen dorthin setzen und sie später am Zaun festbinden. Du kannst aber auch ein kleines Spalier bauen: Zwei Pfähle von 150 Zentimeter Länge werden in den Boden geschlagen. Dazwischen spannst du Drähte oder sehr feste Schnüre. Daran werden die Himbeeren locker festgebunden.

Himbeeren schmecken köstlich, aber sie haben leider die Gewohnheit, sich auszubreiten. Ihre Ausläufer können plötzlich zwei Meter von der Pflanzung entfernt aus dem Boden spitzen! Am besten schneidest du diese Ausläufer ab und ziehst daraus neue Himbeersträucher. Stecke sie einfach an einer geeigneten Stelle in den Boden. Sie werden dort Wurzeln schlagen.
Viel Kompost als Dünger hält Himbeeren gesund. Sie lieben kühle Füße und brauchen deshalb ständig eine dicke Mulchdecke aus Grobkompost oder Grasschnitt. Besonders gern mögen sie Nadelstreu, wie zum Beispiel die abgefallenen Nadeln vom letzten Weihnachtsbaum. Aber sie vertragen auch Laub als Mulchdecke. Sie brauchen einen leicht sauren Boden (pH 5,5). Wie du das messen kannst, haben wir im Kapitel „Erde ist kein Dreck" beschrieben. Laub, Nadelstreu und holzige Abfälle wie Hobelspäne machen den Boden leicht sauer.
Besonders gut wachsen Himbeeren, wenn du Buschbohnen zu ihren Füßen pflanzt. Wenn die Bohnen abgeerntet sind, schneidest du die Bohnen ab und läßt ihre Wurzeln als Dünger für die Himbeeren im Boden.

Stachelbeeren
Ein Stachelbeerstrauch braucht 150 Zentimeter Platz um sich herum. Er wird eingepflanzt und mit Pflanzenjauche angegossen.
Jeder Strauch sollte 10 bis 12 Triebe haben, die ein bis zwei Jahre alt sind. Sie müssen alle nach außen zeigen. Was nach innen wächst, schneidest du ab. Schneide auch alle alten, dunklen Zweige nach der Ernte mit der Rosenschere dicht über dem Boden ab. Bei dieser Arbeit mußt du unbedingt Handschuhe tragen!

Stachelbeeren schmecken süß und fruchtig. Wenn der Strauch nur nicht diese Stacheln hätte! Bei der Ernte mußt du sehr vorsichtig sein oder Gartenhandschuhe tragen. Die Mühe lohnt sich: Stachelbeeren haben nicht nur einen guten Geschmack, sondern sind durch ihren hohen Anteil an Vitaminen auch sehr gesund.
Die Beeren wachsen an Zweigen, die zwei bis drei Jahre alt sind. Ältere Zweige kannst du daran erkennen, daß ihr Holz viel dunkler ist. Sie werden jedes Jahr weggeschnitten. Stachelbeeren mögen einen kalkigen Boden (pH 6 bis 7) und eine schöne Mulchdecke über ihren Wurzeln. Kompost als Dünger genügt.
Wenn ein Stachelbeerstrauch neben einem Johannisbeerstrauch steht, gedeihen beide besonders gut.
Josta- oder Jochelbeeren sind eine Kreuzung aus Schwarzen Johannisbeeren und Stachelbeeren. Sie haben keine Stacheln und sind sehr widerstandsfähig gegen Krankheiten. Die Beeren wachsen an zwei bis drei Jahre alten Zweigen. Sie tragen viele Jahre lang und müssen erst weggeschnitten werden, wenn sie nicht mehr fruchten. Jostabeeren werden genauso gepflegt wie Stachelbeeren. Sie brauchen viel Platz. Lasse 2 Meter Abstand bis zum nächsten Strauch.

Johannisbeeren: Es gibt drei Sorten von Johannisbeeren: rote, weiße und schwarze. Die roten sind ein wenig sauer, wenn man sie roh ißt, eignen sich aber fabelhaft für Kuchen, Gelees und Rote Grütze. Die weißen sind besonders mild, und die Beeren sind groß. Die schwarzen kannst du gleich roh essen. Saft, aus schwarzen Johannisbeeren gepreßt, enthält außergewöhnlich viel Vitamin C und ist im Winter ein fabelhaftes Mittel gegen Husten, Schnupfen und Erkältungen.
Wenn du eine Johannisbeere pflanzt, dann besorge

Johannisbeeren

Johannisbeeren werden so in den Boden gepflanzt, daß die Stelle, an der die Zweige aus der Wurzel wachsen, ein wenig unter der Erde liegt. Wenn du Beerensträucher im Herbst pflanzt, häufle ein wenig Erde darüber. Das schützt vor Austrocknen und Frost. Im Frühjahr wird diese Erde entfernt. Bei einer Pflanzung im Frühjahr ist das Anhäufeln nicht unbedingt nötig.
Nach der Ernte werden die Sträucher geschnitten. Jeder Stock sollte 8 bis 10 Zweige haben, die noch tragen werden. Alles alte Holz wird weggeschnitten. Auch junge Triebe, die ins Innere des Strauches wachsen, müssen entfernt werden. Sie nehmen den Beeren Licht und Luft und machen den Strauch anfällig für Krankheiten.
Wenn du richtig schneidest und die Sträucher immer gut mit einer Mulchdecke versorgst, werden sie reiche Ernte bringen.

noch eine junge Wermutpflanze dazu und setze sie neben den Johannisbeerstrauch. Der bittere Wermut schützt die Beeren vor einer gefährlichen Krankheit, dem Säulchenrost. Rote und schwarze Johannisbeeren brauchen dieselbe Pflege, aber sie müssen unterschiedlich geschnitten werden.
Rote Johannisbeeren tragen ihre Beeren an Zweigen, die zwei bis drei Jahre alt sind. Alle älteren Äste mit dunklem Holz werden nach der Ernte dicht über dem Boden abgeschnitten. Schwarze Johannisbeeren tragen an einjährigen Zweigen. Nach der Ernte werden deshalb alle abgeernteten Zweige abgeschnitten.

Ein blühendes Beet übers ganze Jahr

Blumen zaubern bunte Farbtupfen in den grünen Garten. Wenn du ein Beet geschickt bepflanzt, blühen dort Blumen das ganze Jahr über.
Im Frühjahr schieben sich die ersten Blütenglocken und Kelche aus dem Boden, der viele Wochen lang gefroren und mit Schnee bedeckt war. Diese langersehnten ersten Frühlingsboten sind wie blühende Wunder.
Im Sommer verwandelt sich das Blumenbeet in einen duftenden, leuchtenden Teppich, bestickt mit unzähligen bunten Farben. Wenn es Herbst wird, glühen diese Farben noch einmal besonders prächtig – eine strahlende Abschiedsvorstellung bis zum ersten scharfen Frost.
Und im Winter, bei Eis und Schnee? Sogar in diesen unwirtlichen Wochen blüht etwas auf deinem Blumenbeet: Halb verborgen unter dem Schnee, an zarten Zweigen oder unter einem schützenden Strauch öffnen Blumen ihre Knospen, die der Kälte trotzen.
Ein Blumenbeet anzulegen, auf dem das ganze Jahr über etwas blüht, ist gar nicht schwierig. Und das Beet wird jedes Jahr schöner! Wie es gemacht wird und was du zu jeder Jaheszeit wissen mußt, sagen wir in diesem Abschnitt.

Frühling auf dem Blumenbeet

Schneeglöckchen sind die ersten Frühlingsboten. Sie schieben ihre spitzen Keimblätter schon mit aller Kraft durch die Erde, wenn noch Schnee liegt. Nach einer alten Legende waren sie es, die dem Schnee die weiße Farbe geliehen haben. Keine andere Blume wollte ihr buntes Kleid hergeben, nur die bescheidenen Schneeglöckchen. So wurde der Schnee weiß und war nicht mehr gläsern-durchsichtig wie der Regen. Als Dank duldet der kalte Schnee, daß die zarten Glöckchen mit dem grünen Band um den Hals so früh im Jahr aus der Erde wachsen wie keine andere Blume.
Die weiße Decke ist noch kaum geschmolzen, da kommen die gelben Sterne der Winterlinge ans Licht. Sie lieben die Sonne und öffnen ihre Blüten erst, wenn es mindestens 10 Grad warm ist. Am besten setzt du diese zarten Pflanzen ganz vorne

auf dein Blumenbeet, damit du sie gut sehen kannst. Im März blüht der größere Bruder der Schneeglöckchen, der Märzenbecher. Er wird etwas höher – 20 Zentimeter hoch – und ist leicht von den Schneeglöckchen zu unterscheiden: Märzenbecher haben weiße, runde Blütenglocken mit grünen Spitzen.

Violett oder orange, einfarbig oder gestreift sind die Kelche des Frühlingskrokus, der in milden Wintern auch schon im März blüht.

Im April wird es bunt auf dem Beet: Die Tulpen sind da! Bunt wie Papageienfedern, gefranst und gefüllt oder mit schlichtem Blütenkelch in vielen schönen Farben gibt es diese Frühlingsblüher. Ein österreichischer Gesandter brachte sie 1554 vom Hof des türkischen Sultans nach Wien. Darauf brach ein wahres Tulpenfieber aus. Wer auch nur ein kleines Stückchen Land hatte, züchtete neue Tulpensorten. Die Fürsten und die reichen Bürger in ganz Europa zahlten Phantasiepreise für geflammte, gestreifte und sogar schwarze Tulpen.

Als 1637 in Holland für eine einzelne Tulpenzwiebel einer bestimmten Sorte der Preis auf 5 500 Gulden stieg – so viel kostete ein schönes Haus –

So werden Blumen für den Frühling gepflanzt

Schneeglöckchen wachsen aus Blumenzwiebeln. Sie werden im September 8 bis 10 Zentimeter tief in den Boden gelegt. Wenn du mehrere Blumenzwiebeln mit 10 Zentimeter Abstand zusammenpflanzt, sehen die Schneeglöckchen besonders hübsch aus. Die Zwiebeln bleiben im Winter im Boden. Sie erfrieren nicht und vermehren sich von allein. Das Laub darfst du erst abschneiden, wenn es ganz abgestorben ist.

Märzenbecher werden ebenso gepflanzt.

Winterlinge wachsen aus Blumenzwiebeln, die im September/Oktober 10 Zentimeter tief in den Boden gelegt werden. Sie blühen im nächsten Frühjahr. Nach der Blüte stirbt das Laub ab und ist Ende Mai fast verschwunden.

Krokusse wachsen aus Blumenzwiebeln, die im September/Oktober 10 Zentimeter tief in den Boden gelegt werden. Sie blühen im nächsten Frühjahr. Besonders gut gedeiht der Krokus in Erde mit viel Humus. Deshalb solltest du das Blumenbeet im Herbst mit Kompost düngen. Auch beim Krokus darfst du die Blätter erst abschneiden, wenn sie ganz vergilbt sind. Dann können die Zwiebeln viele Jahre im Boden bleiben und werden in jedem Frühling wieder blühen.

Tulpen wachsen aus Blumenzwiebeln, die 15 Zentimeter tief in den Boden gelegt werden. Die beste Zeit dazu ist Ende September. Tulpen brauchen 10 Zentimeter Platz um sich herum. Ihre Blumenzwiebeln können viele Jahre in der Erde bleiben. Schneide die verblühte Tulpe ab, bevor sie Samen ansetzt. Dann verbraucht sie weniger Kraft und blüht nächstes Jahr ebenso schön. Das Laub muß stehenbleiben, bis es ganz vergilbt ist. Dann kannst du es abschneiden. Wildtulpen werden genauso gepflanzt wie die Gartentulpen.

Traubenhyazinthen wachsen aus kleinen Blumenzwiebeln, die im September 12 Zentimeter tief in den Boden gelegt werden. Lege mehrere Zwiebeln mit 5 Zentimetern Abstand untereinander zu einer Gruppe zusammen. Wenn das Beet immer gut mit Kompost versorgt wird, säen sich die Traubenhyazinthen selbst aus und vermehren sich jedes Jahr.

Narzissen wachsen aus Blumenzwiebeln, die im September oder Oktober 12 bis 15 Zentimeter tief in den Boden gelegt werden. Die Narzissen brauchen einen Platz an der vollen Sonne, sonst blühen sie nicht so schön. Besonders gut gedeihen sie, wenn sie im März mit Pflanzenjauche gedüngt und im Herbst mit reichlich Kompost versorgt werden. Wenn Narzissen nicht mehr richtig blühen wollen, holst du im Herbst die Blumenzwiebeln heraus und setzt sie an anderer Stelle mit guter Komposterde wieder ein.

wurde es der holländischen Regierung zu bunt: Sie setzte Höchstpreise fest. Aber noch heute ist Holland das Weltzentrum der Tulpenzucht.

Es gibt wunderschöne Tulpenzüchtungen, aber am schönsten sind botanische Wildtulpen. Sie sind niedrig und mit 20 Zentimetern nur halb so hoch wie die kunstvollen Züchtungen. Ihre Blätter sind wunderschön rot-grün gestreift, und die Blüten leuchten in kräftigem Gelb und Rot, in Scharlach-Orange oder Lachsrosa. Das schönste ist, daß sich die Wildtulpen ganz von allein vermehren. Sie bilden richtige Blütennester, die von Jahr zu Jahr größer werden.

Dagegen sehen die kobaltblauen Traubenhyazinthen fast bescheiden aus. Aber nur von fern. Betrachte sie einmal ganz aus der Nähe: Die winzigen Blüten sitzen wie eine dichte Traube um den Stiel. Jede einzelne trägt einen Saum aus weißer Spitze, und jede ist ein begehrtes Honigtöpfchen für die Bienen.

Zu Ostern öffnen die zitronengelben Trompeten-Narzissen ihre stolzen Blüten. Deshalb heißen sie auch Osterglocken. Seit vielen tausend Jahren erfreuen sich Menschen in jedem Frühjahr an diesen Blumen, und schon in Gartenbüchern aus dem 16. Jahrhundert werden die Narzissen ausführlich beschrieben. Die Gärtner schätzten sie besonders, weil der scharfe Geruch ihrer Zwiebeln die Wühlmäuse aus dem Beet vertreibt.

Von der gelben „Trompete" im Blütenherz der Osterglocke ist bei der Dichter-Narzisse, einer Verwandten der Osterglocke, nur noch ein goldener, rot gesäumter Kranz geblieben, der von weißen, runden Blütenblättern umgeben ist. Im Gegensatz zu den Osterglocken duftet die Dichter-Narzisse kräftig und süß.

Blütenpracht im Sommer

Im Mai kannst du auf deinem Blumenbeet die runden Blättchen der zarten Akelei sehen. Wenn sie ihre Blüten öffnet, wird es Sommer. An einem Stengel hängen bis zu zehn Blüten. Jede hat ein Röckchen und einen langen Sporn, so daß sie aussehen wie kleine Zipfelmützen. Blau oder purpurrot, weiß oder zartrosa blüht diese Staude.
Das Löwenmäulchen sperrt sein samtiges Blütenmäulchen auf wie ein hungriger Löwe, wenn du vorsichtig seitlich darauf drückst. Für Bienen ist nichts zu holen: Ihr Rüssel ist zu kurz. Deshalb ist das Löwenmaul sozusagen ein Spezialrestaurant für Hummeln. Die schweren Brummer kommen mühelos an den Nektar heran, der auf dem Grund der Blüten verborgen ist. Löwenmäulchen blühen ab Juli, je nach Sorte scharlachrot oder weiß, dottergelb oder rosa.
Dick wie Zwetschgen und borstig behaart schieben sich die Knospen des Mohns aus der grünen Blattrosette. Wenn sie aufplatzen, entfaltet sich aus der rauhen Hülle eine seidenzarte Blütenpracht in verschiedenen Rottönen, vom hellen Ziegelton bis zum dunklen Blutrot. Sogar in Weiß und Rosa gibt es den Mohn.
Die Sonnenblume schaut aus stolzer Höhe auf dein Beet herab: Bis zu drei Meter hoch kann sie wachsen, wenn sie jede Woche einen Guß mit verdünnter Pflanzenjauche bekommt. Sonnenblumen sind den ganzen Tag in Bewegung und wenden ihr Gesicht immer der Sonne zu. Die majestätische Pflanze braucht einen festen Stock, an dem sie angebunden wird. Sonst könnte sie ein einziger Gewittersturm abknicken. Die gelben oder rotbraunen Blüten sind bei den Finken und ihren gefiederten Freunden im Herbst sehr begehrt: Sie picken nichts lieber als die stark ölhaltigen Samen. Ziehe Ende August einen alten Damenstrumpf als Schutz vor Vögeln über eine besonders schöne Blüte. So kannst du selbst die Samen für das nächste Jahr ernten.
Die goldenen Ringelblumen sehen aus wie kleine Schwestern der Sonnenblume und leuchten wie runde Goldtaler auf dem Beet. Die Blume mit den geringelten Samen ist eine uralte Heilpflanze. Salbe aus ihren Blütenblättern heilt und kühlt, lindert Wundschmerzen und Sonnenbrand. Auch

Sonnenblume und Stockrosen

für den Gartenboden ist die Ringelblume eine Heilpflanze: Wo sie wächst, gibt es keine schädlichen Drahtwürmer im Boden.
Auch die Tagetes oder Studentenblume ist eine Heilpflanze, aber für den Boden. Sie vergrault Nematoden, das sind gefräßige Fadenwürmer, aus jedem Beet. Sie ist orange oder gelb und riecht nicht besonders gut. Es gibt zwar auch Sorten, die nicht riechen – aber die wirken dann nicht bei den Fadenwürmern. Die Tagetes mit ihren fein gezähnten Blättern und den kugeligen Blütenköpfchen ist im heißen Mexiko zu Hause. Kälte mag sie nicht. Säe oder pflanze Tagetes als Umrandung um dein Blumenbeet. Das leuchtet golden den ganzen Sommer lang und ist für Gartenerde die reinste Medizin!
Die weißgoldenen Strahlenkränze der Margerite erscheinen im Juli. Die Pflanze macht sich breit auf dem Blumenbeet: Sie braucht mindestens einen halben Meter Platz um sich herum und viel Sonne. Schließlich wuchsen ihre Urahnen vor Tausenden von Jahren auf vollsonnigen Wiesen.
Den ganzen Sommer über schiebt die Trichtermalve unermüdlich ihre zartrosa gestreiften Blütenkelche aus den Blattachseln. Die feinen Blüten

sehen aus, als hätte sie ein chinesischer Maler auf Seide gepinselt. Die Trichtermalve blüht, bis der erste Frost kommt.
Zur Malvenfamilie gehört auch die Stockrose. Ihre Blüten ähneln aber mehr denen der wilden Rosen. Die Stockrose ist ein Riese: Sie wird 2 bis 3 Meter hoch. Gib ihr einen festen Stock als Stütze und öfter einen kräftigen Schluck Pflanzenjauche, dann blüht sie prachtvoll von Juli bis September. In alten Bauerngärten standen Stockrosen am Zaun wie aufmerksame Wächter. Es gibt weiße, rote, rosa und gelbe Sorten und außerdem eine gefüllte dunkelrote, die so geheimnisvoll und prächtig aussieht, daß sie auf der Tafel einer orientalischen Kaiserin stehen könnte.
Auch der Rittersporn ist ein Riese auf dem Blumenbeet. Seine üppigen Blütenkerzen erscheinen Anfang Juli und schimmern in allen Blautönen – vom lieblichen Himmelblau bis zum dunklen Violett. Die Prachtstaude gehört zu den hungrigen Blühern: Sie braucht viel Kompost im Herbst und Pflanzenjauche in den Sommerwochen.
Wenn du die verwelkten Blüten abschneidest, blüht der Rittersporn im Herbst ein zweites Mal. Die Blütenpracht ist zwar nicht mehr so üppig wie im Sommer, aber immer noch wunderschön.

So werden Blumen für den Sommer gesät und gepflanzt

Akelei wird im August/September auf dem Blumenbeet ausgesät. Der Samen ist sehr fein und wird nur dünn mit Erde bedeckt. Wenn die kleinen Keimlinge zu dicht stehen, mußt du die überzähligen abknipsen. Eine Akelei braucht 10 Zentimeter Platz um sich herum. Sie blüht im Mai des nächsten Jahres. Lasse sie Samen ansetzen, dann sät sie sich für das übernächste Jahr selbst aus.

Löwenmäulchen werden im April direkt auf das Blumenbeet gesät. Der feine Samen wird nur dünn mit Erde bedeckt. Ein Löwenmäulchen braucht 20 Zentimeter Abstand zur nächsten Pflanze. Es blüht von Juli bis Oktober. Löwenmäulchen mußt du jedes Frühjahr neu säen.

Mohn wird zwischen März und Mai direkt auf das Blumenbeet ausgesät. Weil der Mohn lange Pfahlwurzeln hat, verträgt er es nicht, wenn er umgepflanzt wird. Zu dicht stehende Keimlinge zwickst du ab. Mohn braucht 10 Zentimeter Platz um sich herum. Wenn er verblüht ist, lasse den Mohn ruhig auf deinem Beet stehen. Er bildet Samenkapseln, die ihre Samen auf dem Beet verstreuen. Im nächsten Jahr kommen dann ganz von alleine neue Mohnpflanzen. Du kannst die reifen, braunen Samenkörner auch aus der Kapsel schütteln und in einem geschlossenen Schraubglas aufbewahren. Die Samen säst du im nächsten Jahr neu aus an die Stellen, wo der Mohn wachsen soll.

Sonnenblumen säst du im April direkt auf das Blumenbeet. Lege die großen Kerne einzeln mit 40 Zentimeter Abstand etwa 3 Zentimeter tief in die Erde. Wenn die jungen Pflanzen handhoch sind, werden sie zum erstenmal mit verdünnter Pflanzenjauche gegossen. So einen kräftigen Schluck Flüssigdünger dürfen die Pflanzen bis August jede Woche bekommen.
Wenn die Sonnenblume einen halben Meter hoch ist, wird ein kräftiger, mindestens 150 Zentimeter langer Pflock neben der Pflanze in den Boden gerammt. Binde die Blume mit Bast vorsichtig daran fest. Ab Juli blüht die Sonnenblume. Wenn du im Herbst ausgereifte Kerne sammelst, hast du Saatgut für das nächste Frühjahr.

Trichtermalven werden im April direkt auf das Blumenbeet gesät. Sie lassen sich auch verpflanzen: Zu dicht stehende Jungpflanzen kannst du vorsichtig aus dem Boden nehmen und anderswo einsetzen. Eine Trichtermalve braucht 20 Zentimeter Platz um sich herum. Sie blüht zwischen Juli und Oktober. Im nächsten Frühjahr werden Trichtermalven wieder neu ausgesät.

Ringelblumen werden zwischen April und Mai direkt in das Blumenbeet gelegt. Die Samen werden 3 Zentimeter tief in den Boden gelegt. Zu dicht stehende Pflanzen werden abgezwickt. Ringelblumen brauchen 20 Zentimeter Abstand zur nächsten Pflanze. Sie blühen von Juni bis zum ersten Frost. Schneide die verwelkten Blüten ab, bis auf ein paar, die Samen ansetzen dürfen. Sie säen sich selbst aus und kommen im nächsten Frühjahr von alleine wieder. Du kannst die geringelten Samen auch einsammeln, in einem Schraubglas aufbewahren und im nächsten Frühjahr neu aussäen.

Tagetes werden ab Ende April direkt in das Blumenbeet gesät. Wenn du eine besonders frühe Blüte möchtest, säst du die Samen schon im März in eine Anzuchtkiste und setzt die kleinen Pflänzchen ab Mitte Mai an ihren endgültigen Platz. Tagetes brauchen 15 Zentimeter Abstand zur nächsten Pflanze. Sie blühen zwischen Mai und November. Im nächsten Frühjahr werden sie wieder neu ausgesät.

Margeriten sind Stauden. Sie werden nur einmal gepflanzt und frieren im Herbst ab. Die Wurzeln treiben im nächsten Frühjahr wieder neu aus. Kaufe dir eine junge Pflanze beim Gärtner und pflanze sie im Mai an ihren Platz. Sie braucht 50 bis 80 Zentimeter Abstand zur nächsten Pflanze, denn die Staude wird recht breit. Am besten gedeihen Margeriten, wenn sie in der vollen Sonne stehen. Gieße sie im Laufe des Sommers alle zwei Wochen mit Pflanzenjauche. Im Herbst, wenn dein Blumenbeet mit Kompost versorgt wird, bekommt diese Staude eine Extraportion.

Stockrosen sind etwas für Leute mit Geduld: Sie blühen erst im zweiten Jahr. Zwischen Mai und Juni säst du die scheibenförmigen Samen 3 Zentimeter tief in dein Blumenbeet. Stockrosen brauchen 40 Zentimeter Platz um sich herum, denn sie werden sehr groß. Die junge Pflanze wird im ersten Jahr ungefähr einen halben Meter hoch und hat hellgrüne, runde, samtige Blätter. Wenn sie beim ersten Frost abfrieren, ist das nicht schlimm: Im nächsten Frühjahr kommen die Blätter wieder. Dann treibt die Pflanze mächtig aus und blüht ab Juli. Stockrosen brauchen im Sommer jede zweite Woche etwas Pflanzenjauche. Im zweiten Jahr rammst du vor der Blüte neben der Stockrose einen kräftigen Pfahl in den Boden und bindest sie daran fest.

Rittersporn blüht wie die Stockrose ebenfalls erst im zweiten Jahr. Kaufe am besten beim Gärtner eine Jungpflanze und setze sie im Herbst in dein Beet. Der Rittersporn braucht 50 Zentimeter Platz um sich herum. Die Staude blüht im Juni. Schneide alle verblühten Zweige weg, dann setzt der Rittersporn noch einmal Knospen an und blüht im August ein zweites Mal.

Rosen kaufst du beim Gärtner. Du kannst sie zwischen Oktober und November oder von März bis April setzen. Die Rose hat dann zunächst keine Blätter und sieht ziemlich vertrocknet aus. Außer ein paar Stielen und Wurzeln ist nichts dran. Rosen brauchen einen sonnigen Standort und viel Platz um sich herum. Wieviel Platz sie benötigen, ist je nach Sorte verschieden. Am besten fragst du beim Kauf danach.
Stelle die Rosenpflanze erst für zwei Stunden in einen Eimer mit Wasser, damit sie sich gründlich vollsaugen kann. Dann hebst du mit dem Spaten ein breites Loch aus. Es muß so tief sein, daß die Rosenwurzeln nirgends umknicken, wenn du den Strauch hineinhältst. Die ausgehobene Erde wird mit reifem Kompost vermischt. Halte die Pflanze jetzt ins Loch und fülle die Erdmischung vorsichtig zwischen die Wurzeln. Am Hals der Pflanze, dort wo sie sich verzweigt, ist eine etwas dickere Stelle. Sie muß 5 Zentimeter unter der Erdoberfläche liegen, wenn die Rose fertig eingepflanzt ist.
Wenn das Pflanzloch ganz mit Erde gefüllt ist, wird die Erde behutsam festgetreten. Jetzt wird die Rose kräftig angegossen: Mit viel Wasser schwemmst du Erde zwischen die Wurzeln. Es darf ruhig eine Pfütze rund um die Rosenpflanze entstehen. Mit der restlichen Erde wird die Rose jetzt angehäufelt: Sie wird 10 Zentimeter hoch mit warmer Erde zugedeckt. Das schützt vor scharfem Frost und vor dem Austrocknen. Im Mai wird diese Erde vorsichtig wieder weggekratzt.
Im März werden Rosen geschnitten. Schneide mit der Rosenschere erst einmal alles weg, was braun, vertrocknet oder erfroren aussieht. Dann werden alle Zweige abgeschnitten, die nach innen wachsen. Sie nehmen dem Strauch Luft und Licht. Schneide sie immer ganz dicht an dem Ast ab, aus dem sie herauswachsen. Es darf kein Stummel stehenbleiben. Alle übrigen Zweige werden jetzt etwa 10 Zentimeter gekürzt. Schneide sie von oben direkt über einer Knospe ab. Die Knospe heißt bei der Rose „Auge“. Das Auge muß so wachsen, daß es nach außen zeigt. Wenn du die Pflanze ganz genau anschaust, bevor du losschneidest, wirst du selbst sehen, wie du schneiden mußt. Schneide lieber etwas zuwenig weg als zuviel!
Rosen brauchen im Herbst Kompost und von Mai bis Juli wöchentlich Pflanzenjauche. Danach dürfen sie keinen flüssigen Dünger mehr bekommen. Jetzt brauchen die Äste und Zweige Ruhe, um zu verholzen. Aus den frischen grünen Trieben werden holzige Äste, denen der Frost nicht viel anhaben kann.

Eine Blume fehlt noch auf dem Sommerbeet: Es ist die Rose, die Königin der Blumen. Mit ihrem Duft und der Schönheit ihrer Blüten hat sie die Menschen schon vor vielen tausend Jahren bezaubert. Ihre Heimat ist Zentralasien. Das älteste Bild, das eine Menschenhand von einer Rose machte, wurde im Altaigebirge zwischen Sibirien und der Mongolei gefunden. Dort lagen in einem Grab Münzen, auf die Rosen geprägt waren, Ehrengeschenke für einen toten König. Die Münzen lagen dort 5000 Jahre, bevor sie entdeckt wurden.
Die Rose selbst ist älter als die Menschheit: In den amerikanischen Staaten Colorado und Oregon wurden versteinerte Rosen gefunden, die 32 Millionen Jahre alt sind. Rosen schmückten die Gärten des sagenhaft reichen Königs Midas und dufteten hoch über Bozen im Rosengarten des Königs Laurin. Berühmt wurde der tausendjährige Rosenstock am Dom zu Hildesheim. Römische Kaiser tranken Rosenwein und ließen auf ihre Gäste Millionen duftender Rosenblätter von der Decke herunterschweben. Bei den Griechen war die Rose die Blume der Aphrodite, der Göttin der Liebe.

Rosen

Seit 200 Jahren werden Rosen planmäßig gezüchtet. Es gibt Kletterrosen, die vier Meter hoch werden und im Sommer ganze Wände mit ihren Kaskaden von Blüten schmücken. Edelrosen tragen einzelne, edel geformte Blüten. Beetrosen blühen üppig mit vielen Blüten, und Wildrosen schmücken sich im Herbst ein zweites Mal mit ihren roten Hagebutten. Strauchrosen wollen einzeln stehen und brauchen Platz für ihre blühenden Ranken. Moosrosen mit ihren kugeligen kleinen Blüten tragen statt derber Stacheln einen moosartigen, nur wenig stacheligen Belag um ihre Stiele.
Auf deinem Blumenbeet sieht eine Beetrose besonders hübsch aus. Sie blüht unermüdlich von Juli bis zum ersten Frost. Ganz wunderschön sind auch alte Rosensorten wie die Damaszenerrose oder die Centifolie. Sie blühen nur einmal, aber der süße Duft, den sie ausströmen, ist unvergleichlich.

Astern

Herbst auf dem Blumenbeet

Viele Sommerblumen blühen bis weit in den Herbst hinein: die Trichtermalven und die Ringelblumen, Tagetes, Margeriten und die Rosen. Einige Blütenpflanzen aber warten geduldig, bis die Tage kürzer werden, und öffnen dann erst ihre Knospen. Ein wahres Feuerwerk an altrosa und scharlachroten Blüten, an himmelblauen oder weißen Sternen veranstalten die Astern. Aster ist ein lateinischer Name und bedeutet auch nichts anderes als „Stern". Kaum zu zählen sind die Blütensterne, die im September die Asternstauden krönen. Einige Sorten werden nur 20 Zentimeter hoch und wachsen zu dicken Blütenkissen heran. Hohe Beetstauden werden einen ganzen Meter hoch und sind im Herbst ein strahlender Mittelpunkt des Blumenbeetes.
Noch eine ganz besondere Blume öffnet erst im September ihre lilablauen, dunkel geäderten Blüten: der Safran. Er trägt den lateinischen Namen Crocus sativus und ist der herbstliche Bruder des Krokus, der im Frühjahr auf deinem Blumenbeet blüht. Safran ist eine berühmte Heil- und Würzpflanze. „Safran macht den Kuchen gelb" singen die Kinder noch heute, obwohl nur noch wenige wissen, warum man das sagte. Safran wurde in Europa früher auf großen Feldern angepflanzt. Begehrt war die orangerote Blütennarbe dieser Krokusblüte, die mühselig von Hand gesammelt und getrocknet wurde. Ein kleiner Hauch Safran unter den Kuchenteig gemischt, macht ihn appetitlich goldgelb. Auch Heilkräfte werden der Pflanze zugeschrieben: Safran, in Wasser oder Wein gerührt, lindert Bauchkrämpfe. Die zarten Blütennarben sind so teuer wie Gold und werden heute in großem Stil in Asien und Südamerika angebaut und gesammelt.

Safran

So werden Blumen für den Herbst gepflanzt

Astern sind Stauden. Blätter und Blüten frieren im Winter ab. Im nächsten Frühjahr treiben sie neu aus. Junge Asternpflanzen bekommst du beim Gärtner. Sorten mit rauhen Blättern sind weniger anfällig für Krankheiten als Pflanzen mit glatten Blättern. Setze die Aster im Frühjahr in dein Blumenbeet. Sie braucht Erde mit viel Kompost und einen sonnigen Standort. Lasse mindestens 50 Zentimeter Platz rund um die Asternstaude, denn sie bildet große Büsche. Die verblühten Stiele kannst du im Dezember oder im zeitigen Frühjahr abschneiden.

Safran wächst aus Blumenzwiebeln. Wenn du Safran pflanzen möchtest, achte auf den lateinischen Namen Crocus sativus, denn es gibt noch mehr Krokussorten, die im Herbst blühen. Sie haben andere lateinische Namen.
Die Blumenzwiebel des Safrans wird im Juli oder August 8 Zentimeter tief in den Boden gelegt. Der Safran blüht dann zwischen September und November.
Die Zwiebel darf 3 bis 4 Jahre lang in der Erde bleiben. Dann nimmst du sie im Juli vorsichtig heraus. Um die Mutterknolle herum sitzen viele kleine „Kinder". Diese Brutknollen trennst du vorsichtig ab und legst sie an einem neuen Platz 8 Zentimeter tief in die Erde. Aus jeder dieser kleinen Zwiebeln wächst wieder ein neuer Safran.
Besonderen Dünger braucht der Safran nicht. Es genügt, wenn das Blumenbeet im Herbst eine schöne Portion Kompost bekommt.

Das Blumenbeet im Winter

Eine alte Legende erzählt: Als die Heiligen Drei Könige in Bethlehem das Christuskind besuchten, hatten sie ihre Geschenke mit prächtigen orientalischen Blumen geschmückt. Als sich Melchior der Krippe näherte, sah er eine schlichte weiße Blume. Sie hatte sich zwischen ihre prächtigen Schwestern geschmuggelt, weil sie das heilige Kind auch sehen wollte. Wütend riß der schwarze Mann das Blümchen heraus und schleuderte es weg.
Der Wind trug das weiße Pflänzchen fort, weit übers Meer, in den schneebedeckten Norden. Dort blüht jetzt jedes Jahr in den ersten sonnigen Tagen der Weihnachtszeit die Christrose. Den groben Melchior aber kann die Blume nicht vergessen: Ihre Wurzel ist innen schneeweiß, aber außen so schwarz wie die Hand, die sie einst so roh weggeschleudert hat. Und durch die Wurzeln fließt Gift, eine Erinnerung an die unverdiente Kränkung.
Die schöne alte Geschichte versucht zu erklären, was wie ein Wunder erscheint: Diese Blume blüht mitten im Winter trotz Frost und Schnee. Ihre zarten Blätter, geteilt wie die Finger einer Hand, schützen die Knospe, bis winterliche Sonnenstrahlen den Schnee so weit schmelzen, daß sich die Blüte öffnen kann. Dann leuchtet sie aus dem Schnee, weiß mit einem zarten rosa Schimmer. Eine neue Züchtung hat purpurrote Blüten. Am besten gedeiht die Christrose, wenn du sie geschützt unter einen Strauch pflanzt. Dort wird die Schneedecke, durch die sich die Blume durchkämpfen muß, nicht so dick.

Christrose

So werden Winterblüher gepflanzt

Christrosen sind ausdauernde Stauden, die von Jahr zu Jahr schöner blühen. Im ersten Jahr nach der Pflanzung ist die Blüte noch bescheiden. Aber wenn die Christrose in Ruhe gelassen und gut gepflegt wird, wächst sie in jedem Jahr üppiger.
Besorge dir eine junge Staude vom Gärtner. Sie wird im Frühjahr in das Blumenbeet gepflanzt. Am liebsten mag sie ein geschütztes Plätzchen, wo sie ungestört wachsen kann und nicht durch Hacken gestört wird. Nach dem Pflanzen wird die Erde rund um die Staude mit grobem Kompost abgedeckt. Im Herbst streust du etwas kalkhaltiges Steinmehl oder ein wenig Kalk um die Pflanze. Sie muß 40 Zentimeter Abstand von anderen Pflanzen haben. Die immergrünen Blätter werden nicht abgeschnitten. Nur was völlig verwelkt ist, kannst du entfernen.

Die Zaubernuß ist ein Strauch, der im Herbst oder im Frühling gepflanzt wird. Besorge dir eine Pflanze beim Gärtner oder in einer Baumschule. Die Zaubernuß mag einen leicht sauren Boden. Kalk oder kalkhaltiges Steinmehl darf sie deshalb nie bekommen. Gieße den Strauch nach dem Pflanzen gut an und bedecke die Erde dann mit Laub oder mit Kompost aus Laub. Du kannst auch kleingehäckselte Baumrinde nehmen. Solche Rinde gibt es abgepackt in Säcken zu kaufen. Manchmal kannst du in Sägewerken kleine Mengen kostenlos bekommen. Die Zaubernuß wird jeden Herbst mit reifem Kompost gedüngt und niemals geschnitten.

Zaubernuß

Noch ein Winterblüher kann dein Blumenbeet schmücken: die Zaubernuß. Früher hielten die Menschen diesen schönen Strauch für verzaubert, denn er benimmt sich ganz anders als die übrigen Gewächse im Garten. Mitten im Winter platzen an den völlig kahlen Ästen die Knospen auf, und die rötlichen oder gelben Blütenknäuel der Zaubernuß erscheinen. Der Strauch blüht ganz unbekümmert auch bei Minusgraden.
Erst im Frühjahr schiebt er seine Blätter heraus, die sich im Herbst rot oder golden verfärben. Im Sommer reifen die Früchte, die dem Strauch seinen Namen gegeben haben. Wenn du die Samenkapseln berührst, die aussehen wie Nüsse, springen sie mit einem Knall auf und schleudern glänzend schwarze Samen heraus.

Von grünen Wänden und lebenden Lauben

Ein Häuschen oder ein „Lager“ zum Spielen und Verstecken muß nicht unbedingt fest aus Holz gezimmert sein. So eine kuschelige Höhle kannst du aus lebendigen Pflanzen wachsen lassen. Im Frühling kommen die wärmenden Sonnenstrahlen durch die luftigen Wände. Im Sommer, wenn die Tage heißer werden, wachsen sie immer dichter zu.

Ein Haus mit grünen Wänden

Für ein Haus aus Pflanzen brauchst du ein Gerüst. Das bastelt dir ein geschickter Erwachsener in wenigen Stunden. Die einfachste Form sieht aus wie ein Zelt: Zwei Rahmen aus Holzstangen werden schräg gegeneinandergestellt und am First mit Draht oder fester Schnur verbunden. Die Rahmen können Querlatten aus Holz bekommen, damit sich die Pflanzen daran festhalten können. Es reicht aber auch, wenn du sie wie ein Netz mit Riesenmaschen aus dicker Sisalschnur bespannst.
Besonders luxuriös ist ein Gerüst in Form eines Häuschens, das an einer Seite offen ist. So eine Laube muß stabil gebaut sein. Man braucht dafür richtige Balken, die in den Boden einbetoniert werden. Statt fester Seitenwände werden senkrecht und quer als Kletterhilfe für die Pflanzen leichte Holzlatten aufgenagelt. Das Dach kann offen bleiben und ebenfalls aus Latten bestehen.

Ein Haus mit grünen Wänden

Wenn dein Häuschen aber ein richtiges Holzdach bekommt, das mit Dachpappe regenfest gemacht wird, kannst du auch mal bei einem Regenschauer draußen bleiben.
Wenn das Gerüst für dein Haus steht, wird rundherum der Boden für die Kletterpflanzen vorbereitet. Es genügt, den Boden da zu bearbeiten, wo später gepflanzt werden soll. Auf einem Viereck von 50 Zentimeter Seitenlänge werden Gras und Wildkräuter sorgfältig entfernt. Dann wird der Boden tief umgegraben, damit er schön locker ist. Jetzt kannst du pflanzen.
Junge Kletterpflanzen werden am besten im Frühjahr gesetzt. In vielen Baumschulen oder Gärtnereien gibt es solche Gewächse auch im Topf mit einem Wurzelballen. Diese Pflanzen kannst du während des ganzen Sommers setzen. Jede muß mindestens einen Meter Abstand zur nächsten haben. Für ein kleines Häuschen reicht an jeder Seite ein „Klettermaxe“ aus.

Kletterpflanzen mit Kletterhilfen

Clematis mit Tagpfauenauge

Knöterich mit Honigbiene, Schwebfliege und Raubspinne

Pflanzen für das grüne Haus

Die **Waldrebe** oder **Clematis** wächst auch dort, wo nicht viel Sonne hinscheint. Die Pflanze hat große, blaue oder rote Blütensterne und ist im Wald zu Hause. Sie braucht immer Schatten um die Füße. Deshalb muß die Erde über ihren Wurzeln mit einer dicken Decke aus Pflanzenresten oder grobem Kompost bedeckt sein.

Grabe ein 50 Zentimeter tiefes Loch und lege ein paar Kiesel oder Tonscherben unten hinein. So steht die Pflanze nie im Nassen und fault nicht. Darüber kommt Erde, wenn möglich mit reifem Kompost gemischt. Lege jetzt die Waldrebe ein wenig schräg tief in den Boden. Die dicke Stelle am Wurzelhals, die Veredelungsstelle, muß 5 Zentimeter unter der Erdoberfläche zu liegen kommen. Dann wird das Pflanzloch mit Erde aufgefüllt. Tritt sie leicht fest und gieße mit viel Wasser an. Jetzt wird sofort die dicke Mulchschicht darübergebreitet. Solange die Waldrebe noch klein ist, kannst du sie vorsichtig mit Bast an den Latten festbinden. Später hält sie sich allein am Gerüst fest.

Die Waldrebe blüht je nach Sorte zwischen Mai und Juni oder zwischen Juli und September. Sie darf nicht geschnitten werden, sonst blüht sie nicht mehr. Schmetterlinge, Bienen und Hummeln lieben die strahlenden Blütensterne. Besonders viel Besuch bekommt die Waldrebe aber in der Nacht: Die blauen oder blauroten Blumen ziehen Nachtfalter magisch an. Die Falter können ultraviolettes Licht am besten wahrnehmen und bevorzugen deshalb weiße oder blaue Blüten.

Der **Knöterich** ist der schnellste aller Kletterer. Die Pflanze mit den weißen Blütenrispen wächst in einem Jahr 3 bis 4 Meter hoch. Im dritten Sommer kann sie sogar 10 Meter hoch werden! Ein Knöterich verwandelt dein Gartenhaus in einem einzigen Sommer in eine dichte, grüne Laube. Vögel bauen ihre Nester in den Ranken, und zur Blütezeit summen Hunderte von Bienen um die weißen Blüten herum. Schwebfliegen holen sich den Nektar, und Hummeln sammeln Blütenstaub.

Efeu mit Amselnest

Wilder Wein mit Grauschnäpper

Der Knöterich gedeiht in jedem gut gelockerten Boden. Eine Mulchdecke nach dem Pflanzen tut ihm gut. Binde die junge Pflanze anfangs mit Bast fest, damit sie in die richtige Richtung klettert. Darüber hinaus braucht der Knöterich keine Pflege. Er muß auch nicht geschnitten werden – es sei denn, er wird gar zu groß.

Der **Efeu** klettert nur langsam und braucht mehrere Jahre, bis er eine Wand begrünt. Am besten setzt du ihn zwischen schnell wachsende Kletterer. Efeu hat nämlich eine ganz besondere Eigenschaft: Er ist immergrün und behält seine Blätter auch im Winter. Das sieht nicht nur hübsch aus, sondern ist auch wunderbar für Vögel, die ihre Nester gern im Efeu bauen.
Seine Blätter legen sich nach außen wie Schuppen übereinander, so daß der Regen abläuft und das Innere deines Häuschens geschützt ist. Wenn der Efeu mehrere Jahre alt ist, blüht er und trägt Früchte. Vorsicht, sie sind giftig! Die Pflanze mit den grünen oder goldgefleckten Blättern gedeiht auch im Schatten. Binde den Efeu nach dem Pflanzen an dem Gerüst fest, damit er nicht am Boden entlangkriecht. Später hält er sich mit seinen Haftwurzeln allein am Gerüst fest.

Der **Wilde Wein** ist am schönsten im Herbst: Dann verfärben sich seine großen Blätter glühend rot. Der Wilde Wein klettert rasch und kann bis zu 12 Meter hoch werden. Seine Blüten sind winzig klein und unscheinbar. Die gelblichen Dolden sitzen halbversteckt unter den Blättern und sind ein Fest für die Bienen! Wenn der Wein blüht, kannst du sie von morgens bis abends an den Blüten beobachten.
Die blauschwarzen Beeren sind nicht größer als Rosinen und bei den Vögeln sehr beliebt. Sie holen sich die Beeren im Winter, wenn die Erde gefroren unter einer Schneedecke liegt.
Wenn du einen Wilden Wein pflanzt, lasse 2 Meter Abstand zur nächsten Pflanze, denn er wird sehr groß und ausladend. Kompost im Herbst und eine Mulchdecke während des Sommers behagen ihm sehr. Geschnitten wird er nicht. Wenn er zu groß wird, kannst du im Frühjahr die Ranken vorsichtig etwas stutzen.

Ein Wigwam mit eßbarem Anhang

Einen Indianerwigwam für den Sommer kannst du dir leicht selbst machen. Er kostet fast nichts und macht ebensoviel Spaß wie eine aufwendig gezimmerte Laube.

Ein Bohnenwigwam

Du brauchst fünf Bohnenstangen von 3 bis 3,5 Meter Länge und eine Handvoll Samen von Stangenbohnen. Die Bohnenstangen stellst du in einem Kreis von 150 Zentimetern Durchmesser auf. Dort, wo der Eingang sein soll, stellst du zwei Bohnenstangen etwas weiter auseinander. So kannst du auch dann noch bequem in deinen Wigwam schlüpfen, wenn er über und über berankt ist.
Um jede Stange herum werden fünf Bohnenkerne in den Boden gelegt. Bohre 3 Zentimeter tiefe Löcher und stecke die Bohnenkerne hinein. Das darf nicht vor Mitte Mai geschehen, denn Bohnen sind empfindlich gegen Frost.
Du kannst normale Stangenbohnen nehmen, die weiß blühen und köstliche, dünne Bohnen hervorbringen. Feuerbohnen haben bildschöne purpurrote Blüten, aber die Bohnen sind etwas rauh. Pflücke sie, solange sie noch jung und zart sind. Blauschalige Bohnen sehen besonders lustig aus: Sie blühen dunkelblau und haben violette Bohnen. Beim Kochen werden die Bohnen übrigens wieder grün. Wenn du verschiedene Samen bekommen kannst, lege doch um jede Stange mehrere Bohnensorten in den Boden – dann hast du einen ganz bunten Wigwam!
Wenn die Bohnen keimen, achte darauf, daß sie den Weg zu den Stangen finden und sich ordentlich hochwinden. Notfalls kannst du sie anfangs leicht mit Bast festbinden. Später ranken sie von allein in die Höhe.
Rechtzeitig zu den Sommerferien ist dein Bohnenwigwam eine dichte, grüne, gemütliche Höhle. Und ernten kannst du auch noch! Aber Vorsicht: Rohe Bohnen sind sehr giftig. Sie müssen unbedingt 15 Minuten gekocht werden. Durch das Kochen wird das Gift zerstört.

Von goldenen Äpfeln und süßen Kirschen

Süße Kirschen direkt vom Baum, saftige Äpfel, aromatische Birnen und Pflaumen – Obst aus dem eigenen Garten schmeckt unvergleichlich gut. Das ist kein Zufall. Früchte, die man im Supermarkt kaufen kann, werden gepflückt, bevor sie richtig reif sind. Sie müssen oft lange Reisen überstehen, bevor sie beim Lebensmittelhändler im Regal liegen. Deshalb werden sie geerntet, solange sie noch ein wenig hart und unreif sind. Sie reifen auf der Reise und im Regal nach. Obst aus dem eigenen Garten dagegen kann bis zur letzten Minute Sonne tanken. Und das schmeckt man!

Obst ohne Gift

Äpfel, Birnen, Kirschen und Pflaumen im eigenen Garten müssen nicht mit Gift gespritzt werden. Obst, das es im Laden zu kaufen gibt, kommt aus großen Plantagen, wo viele Bäume dicht nebeneinanderstehen. Sie werden mit chemischen

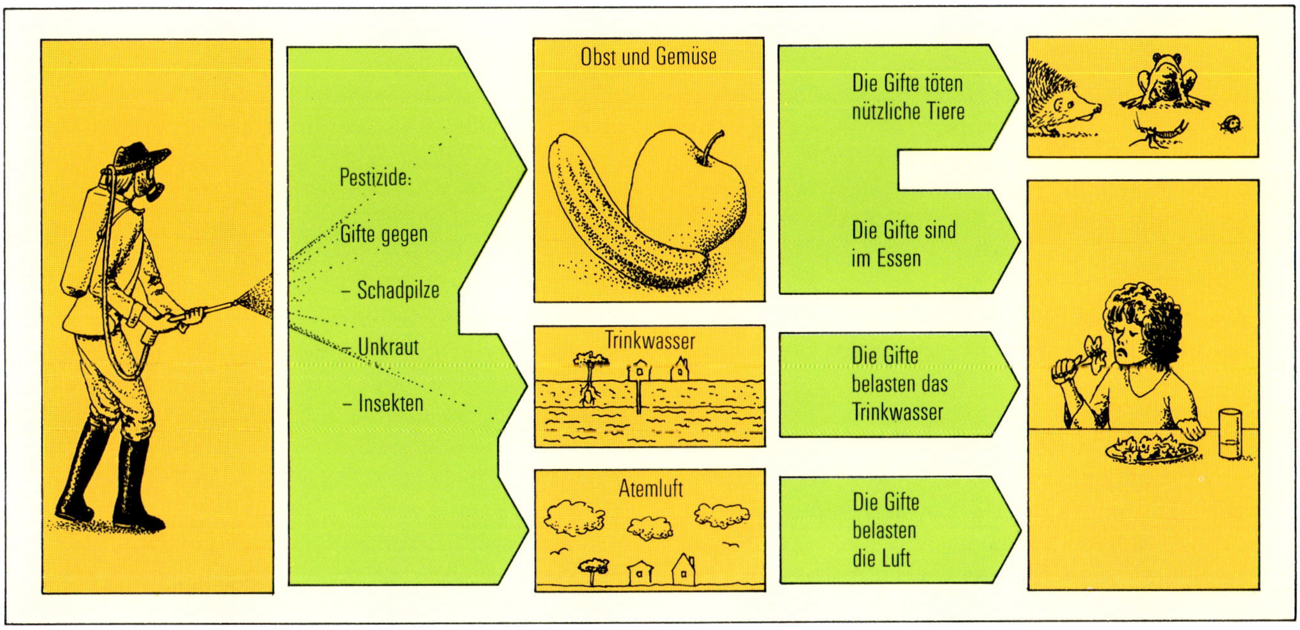

Der Weg der Unkraut- und Insektenvertilgungsmittel

Mitteln gegen alle möglichen Krankheiten und Schädlinge gespritzt. So ein Apfel kann von der Knospe bis zur Ernte 28 Spritzungen abkriegen!
Im eigenen Garten kann man auf solche Gifte ganz verzichten. Wenn mal eine Made im Apfel steckt, schadet das nichts. Dafür kannst du den Apfel mitsamt der Schale essen. Und wenn der Baum wirklich ernsthaft von Schädlingen befallen ist, helfen auch die harmlosen Mittel, die wir im Abschnitt „Von Salatfressern, Wurzelbeißern und Erbsenbohrern" beschreiben. Wenn der Baum gut gepflegt wird, kann man meist auf solche Mittel verzichten. Das beginnt schon beim Aussuchen des richtigen Standorts. Ein Obstbaum braucht einen Platz, an dem ihm nicht ständig zugiger Wind um die Äste pfeift, und wo er viel Sonne bekommt.

Florfliege

Obstbäume – Heimat für viele Tiere

Ein Obstbaum im Garten ist Heimat für viele Insekten und Vögel. 200 verschiedene Tierarten, von der Florfliege bis zur Meise, können auf einem einzigen alten Apfelbaum leben. Früher wurden nur Obstbäume mit hohem Stamm gepflanzt. Diese Bäume sind besonders unempfindlich gegen Krankheiten. Man kann auf ihnen herumklettern und aufrecht darunter durchlaufen. Sie brauchen aber sehr viel Platz, bis zu 25 Quadratmeter, und es dauert viele Jahre, bis sie die ersten Früchte tragen. Zum Ernten braucht man eine Leiter.
Heute gibt es Apfelbäume, die niedriger bleiben und früher tragen. Sie werden 80 bis 150 Zentimeter hoch, tragen drei bis vier Jahre nach der Pflanzung und brauchen ungefähr sechs Meter Platz um sich herum.
Buschbäume und Spindelbuschformen haben Stämme, die nur 40 bis 60 Zentimeter hoch werden. Sie müssen allerdings besonders gut gepflegt werden. Dafür tragen sie oft schon im zweiten Jahr nach der Pflanzung die ersten Früchte. Für diese Bäumchen ist auch noch im kleinsten Garten Platz. Und eine Leiter brauchst du zur Ernte auch nicht.

So wird ein Obstbaum gepflanzt

Ein Obstbaum wird im Herbst ab Oktober gepflanzt oder im zeitigen Frühjahr, wenn der Boden nicht mehr gefroren ist. Man kauft ihn am besten in einer guten Baumschule in der Nähe. Dort kennen sich die Leute mit den Sorten aus, die in dem Klima an deinem Wohnort besonders gut gedeihen. In einer guten Baumschule wird der junge Baum auch gleich ein wenig zurechtgeschnitten, so daß du ihn sofort pflanzen kannst. Dieser sogenannte Pflanzschnitt ist nämlich eine Kunst für sich. Zu Hause stellst du den Baum erst einmal in einen Eimer mit Wasser.
Hebe mit dem Spaten eine Pflanzgrube aus, die doppelt so tief und doppelt so breit ist wie das Wurzelwerk deines Baumes. Vermische die ausgehobene Erde mit reifem Kompost und Steinmehl. Dann wird ein dicker Pflock in das Loch gerammt. Er muß später dicht neben dem Stamm des Obstbaumes stehen.
Gepflanzt wird am besten zu zweit: Einer hält den Baum und schüttelt ihn ab und zu ein wenig, damit die Erde nachrutscht. Der andere füllt die Erde-Kompost-Mischung zwischen die Wurzeln. Der Baum muß ganz gerade stehen. Ziemlich tief unten am Stamm ist eine dicke Stelle, ein kleiner Wulst. An dieser Stelle hat der Gärtner die edle Obstsorte auf einen wilden Baum aufgepfropft. Das macht man, damit der Baum besonders gesund wächst. Dieses Aufpfropfen ist ein komplizierter Vorgang. Danach ist von dem wilden Baum nur noch das kräftige Wurzelwerk und ein kleines Stückchen Stamm übrig. Der obere Teil des Baumes trägt das edle Obst. Die Veredelungsstelle muß eine Handbreit über der Erdoberfläche liegen, damit der Baum richtig gedeiht.
Ist das Pflanzloch ganz voller Erde, wird der Boden rund um den Baumstamm fest angetreten. Es entsteht eine Rinne, die sehr praktisch ist zum Gießen, denn das Wasser kann nicht wegschwimmen. Gieße den jungen Baum kräftig an, damit die Erde in der Tiefe auch noch zwischen seine feinsten Wurzeln geschwemmt wird. Jetzt mußt du ihn nur noch anbinden: Nimm einen alten Ledergürtel oder einen festen Streifen Stoff und wickle ihn in der Form einer Acht um Baumstamm und Pflock. So kann der Baum nicht am Pflock scheuern. Einen Draht oder eine dünne Schnur darfst du niemals nehmen. Sie würden dem Baum weh tun, in die Rinde schneiden und zu ernsthaften Verletzungen führen.

Ein Obstbaum wird gepflegt

Obstbäume müssen regelmäßig geschnitten werden. Das ist eine hohe Kunst, über die schon viele dicke Bücher geschrieben wurden. Am besten lernt man das Bäumebeschneiden aber, wenn man jemandem lange zusehen kann, der es sehr gut beherrscht. Das Beschneiden des Baumes wird aber besser von Erwachsenen übernommen.
Du kannst den Baum mit den Nährstoffen versorgen, die er braucht. Breite jeden Herbst einen Kranz aus Kompost um den Baum. Er muß außen liegen, dort, wo der Regen von den Blättern abtropft wie von einem Regenschirm. Man nennt das den Bereich der Kronentraufe. Dort hat der Baum unter der Erdoberfläche seine feinsten Wurzeln entwickelt. Sie nehmen nach und nach die Nährstoffe aus dem Kompost auf.
Im Frühjahr werden die groben Reste des Komposts abgerecht, und darüber kommt eine neue, dünne Mulchdecke. Im Mai kannst du zu Füßen des Baumes auch Kapuzinerkresse säen. Diese schönen, bunten Blumen ziehen Blattläuse an, und dein Baum bleibt verschont.
Obstbäume brauchen Kalk. Die meisten gedeihen gut bei einem pH-Wert von 6 bis 7. Der Apfelbaum mag es etwas saurer: pH 5,5 bis 6. Du kannst die Erde um den Obstbaum einmal pro Jahr testen. Wie das gemacht wird, haben wir in dem Kapitel „Erde ist kein Dreck“ beschrieben. Wenn der Boden zu sauer ist, streust du im Herbst Kalk um den Baum, und zwar genau wie den Kompost in den Bereich der Kronentraufe.

Der Apfelbaum

Äpfel aßen die Menschen schon vor 7000 Jahren. Das weiß man, weil in uralten Gräbern Apfelkerne gefunden wurden. So saftig und süß wie heute haben diese Äpfel wohl nicht geschmeckt, denn der Urahn unseres Apfelbaums ist der Holzapfel mit seinen kleinen, sauren Früchten. Holzäpfel wurden früher mit Milch oder Wasser zu Mus gekocht. Mit den Apfelschalen färbte man Wolle sonnengelb. Das sehr harte Holz des Holzapfelbaums kannst du manchmal noch im Museum sehen: Man machte Mühlenräder daraus oder Wagenräder für die Kutschen.

Apfel

Birne (Williams)

Ein Apfelbaum darf niemals allein in einem Garten stehen, denn er braucht zur Bestäubung seiner Blüten einen zweiten Apfelbaum mit einer anderen Sorte. Wenn im Nachbargarten kein Apfelbaum steht, müssen also zwei Sorten gepflanzt werden. In der Baumschule bekommst du Auskunft, welche Bäume gut zueinander passen.

Das Bestäuben übernehmen Bienen und Mücken. Ein blühender Apfelbaum zieht ganze Scharen von Honigbienen an. Auch wilde Bienen kommen: Bei diesen Bienenarten lebt das Weibchen nicht in einem Bienenstock, sondern einzeln für sich und baut ein Nest unter der Erde. Dort legt sie ihre Eier in kleine Kammern und versorgt sie mit Blütenpollen und Nektar. Wenn die Biene alle Kammern gefüllt und verschlossen hat, läßt sie die Brut allein.

An warmen Abenden kannst du riesige Mückenschwärme um den Baum tanzen sehen. Es sind Märzmücken, dunkle Tiere, die mit lang herunterhängenden Beinen von Blüte zu Blüte fliegen. Für die Bestäubung der Blüten sind sie mindestens ebenso wichtig wie die Bienen.

Der Birnbaum

Einen Birnbaum erkennst du sofort an seiner Form. Er sieht selbst ein wenig aus wie eine Birne oder wie eine hohe, schlanke Pyramide. Der Apfelbaum dagegen hat eine Krone, die so rund ist wie ein Apfel.

Auch Birnen brauchen einen zweiten Baum zur Bestäubung. Sie lieben Wärme und gedeihen gut vor einer Hauswand. Wo es zugig und kalt ist, schmecken die Birnen nicht besonders gut. Der Urahn der köstlichen Birnen von heute ist die wilde Birne, die noch manchmal in Wäldern zu finden ist.

Birnen sind nicht sehr haltbar. Nach der Ernte müssen sie rasch gegessen werden. Besonders süß schmeckt der Birnensaft. Wird er dick eingekocht, kann er als Zuckerersatz zum Süßen verwendet werden.

Der Kirschbaum

Es gibt Süßkirschen und Sauerkirschen. Die Süßkirschen wachsen auf großen Bäumen, die vier bis fünf Meter hoch werden. Es dauert nach dem

Kirsche

Zwetschge und Pflaume

Pflanzen ungefähr sechs Jahre, manchmal noch länger, bis der Baum seine dunkelroten, süßen Kirschen trägt. Süßkirschen brauchen wie Birne und Apfel einen zweiten Baum zum Bestäuben. In der Baumschule kannst du dich erkundigen, welche Sorte sich für deinen Garten eignet. Die Früchte der Sauerkirschen sind heller und etwas säuerlicher als die der Süßkirschen. Wenn sie richtig reif sind, schmecken sie genausogut wie Süßkirschen.

Sauerkirschbäume passen auch in kleinere Gärten, denn es gibt sie auch in Buschform. Wenn nicht genügend Platz vorhanden ist, kann auch ein einzelner Baum allein stehen, denn die Sauerkirschen sind einhäusig, das heißt, sie befruchten sich selbst.

Die bekannteste Sauerkirsche ist die Schattenmorelle. Sie hat eine Eigenart, die bei der Pflege beachtet werden muß: Sie trägt ihre Früchte nur am einjährigen Holz. Das sind die Zweige, die ab dem Frühjahr gewachsen sind. Deshalb müssen Schattenmorellen jedes Jahr geschnitten werden. Die abgeernteten Zweige werden gleich nach der Ernte abgeschnitten. Die jungen, nachwachsenden Triebe bleiben stehen. Sie tragen im nächsten Jahr.

Der Pflaumen- und der Zwetschgenbaum

Pflaumen- und Zwetschgenbäume wuchsen einst wild im Orient. Chinesische Künstler fanden die weißen und zartrosa Blüten schon vor Tausenden von Jahren bezaubernd. Und wenn ein Mädchen im alten China „Pflaumenblüte" getauft wurde, so mußte sie einfach wunderschön sein!

Die Pflaumen- und die Zwetschgenbäume von heute sind aus Kreuzungen der orientalischen Wildlinge entstanden. Züchter haben sie in geduldiger Arbeit jahrhundertelang veredelt, bis die vielen verschiedenen Sorten entstanden waren, die es heute gibt:

- Pflaumen sind rund oder wie ein Ei geformt, sind blauschwarz und haben einen runden Stein. Sie halten sich nicht sehr lange. Am besten werden sie gleich frisch gegessen.
- Zwetschgen sind länglicher und haben eine blaue oder rötlichblaue Schale. Ihr Stein ist flach und länglich. Aus Zwetschgen kannst du Kuchen backen, Mus kochen oder die Früchte für den Winter trocknen.
- Renekloden sind groß, gelbgrün, rund und sehr süß. Du kannst sie roh essen oder eindünsten für Kompott oder Kuchen im Winter.

• Mirabellen sind die kleinsten aus der Pflaumenfamilie. Die gelben, süßen Früchte sind nicht viel größer als Kirschen. Frisch vom Baum gepflückt schmecken sie am besten. Sie lassen sich aber auch einmachen.

Bei all diesen Bäumen gibt es Sorten, die einen zweiten Baum zur Befruchtung brauchen und andere, die ohne einen Partner auskommen. Auskunft darüber gibt es in der Baumschule.

Von Salatfressern, Wurzelbeißern und Erbsenbohrern

In jedem Garten leben Schnecken und Blattläuse, Spinnmilben und Raupen. Solange es nur wenige sind, macht das gar nichts. Im Gegenteil: Sie sind sogar wichtig. Igel fressen Schnecken, die hübschen roten Marienkäferchen ernähren sich von Blattläusen, Raubmilben jagen die Spinnmilben, und die flinke Meise holt die Raupen vom Gemüse.

Hätten diese nützlichen Tiere nichts mehr zu fressen, würden sie sterben oder in einen anderen Garten auswandern, wo der Tisch reichlicher gedeckt ist. Deshalb ist es nicht gut, die Insekten und Tiere, die wir als „Schädlinge" bezeichnen, mit der Giftspritze auszurotten. Denn das Gift bringt die nützlichen Tiere gleich mit um.

Eine Schnecke, die Schneckenkorn gefressen hat, ist für den Igel tödlich. Er schluckt die vergiftete Schnecke und geht ein. Das Gift, das über Blattläuse gespritzt wird, erwischt auch die Marienkäfer. Und wenn die Meise in deinem Garten keine Raupen oder andere Insekten für ihre Jungen findet, fliegt sie zum Nachbarn.

Wenn du also Schädlinge abwehren willst, machst du am besten den Garten für die Nützlinge richtig gemütlich. Mit Nisthöhlen, Futterpflanzen und allem, was sie mögen, kannst du sie bei dir heimisch machen. Wirklich zum Ärgern sind Schädlinge erst, wenn sie sich massenhaft vermehren, wenn die Schnecken über Nacht alle Setzlinge kahlfressen oder Dutzende von Blattläusen die Rosen stürmen. Dann kann und muß sich ein Gärtner wehren. Aber dazu braucht man kein Gift.

Es gibt viel harmlosere Mittel, die ebenso sicher wirken und die Nützlinge am Leben lassen. In diesem Abschnitt erfährst du, wie du nützliche Tiere in deinen Garten locken und dort behalten kannst, was gegen Schädlinge und Krankheiten hilft, wie man Pflanzenschutzmittel ganz leicht selber macht, und was man mit den Wildkräutern, dem sogenannten Unkraut, tun kann.

Schädlinge und Krankheiten, und was du dagegen tun kannst

Blattläuse sind grün oder schwarz, haben Flügel oder nicht. Sie zapfen die Blätter der Pflanzen an und saugen den Pflanzensaft heraus. Kranke Pflanzen mögen sie besonders, denn deren Blätter sind weich und lassen sich gut anbohren. Am besten beugst du also gegen Blattläuse vor, wenn du gesunde Pflanzen hast.

Ameisen tragen Blattläuse auf Rosen, Obstbäume und Gemüsepflanzen. Dort hüten sie die Läuse wie ein Schäfer seine Herde. Wenn die Blattlaus genug Pflanzensaft getrunken hat, stupst sie die Ameise so lange auf das Hinterteil, bis die Blattlaus einen durchsichtigen, süßen Tropfen ausscheidet, den die Ameise schluckt.

Ameisen sind sehr nützliche Tiere, denen du nichts zuleide tun solltest. Wenn sie lästig werden, weil sie ihre Blattläuse ausgerechnet auf deinen Blumen und Gemüsepflanzen „weiden" lassen, sorgst du einfach dafür, daß sie umziehen. Dazu solltest du aber einen Fachmann befragen.

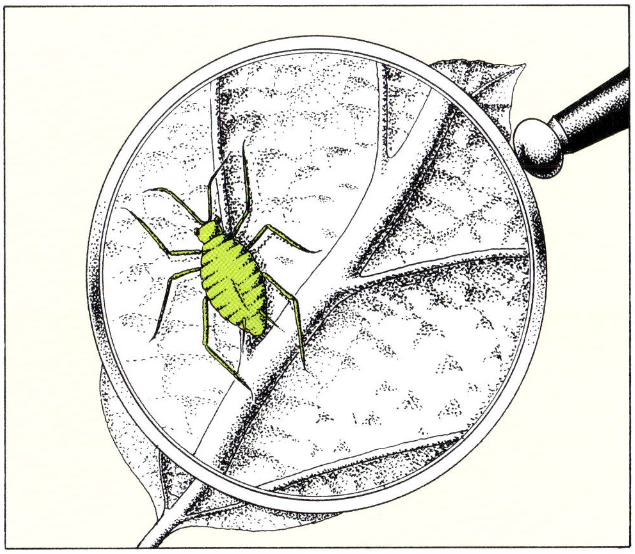

Eine Blattlaus auf einem Apfelbaumblatt

Suche die Stelle im Boden, wo viele Ameisen heraus- und hineinkrabbeln. Das ist der Eingang zu ihrem Nest. Darüber stülpst du einen großen, leeren Blumentopf mit der Öffnung nach unten und legst einen Stein obendrauf. Die Ameisen schleppen jetzt ihre Eier und Larven in dieses „Haus", weil es hier dunkel und warm ist. Nach zwei Tagen trägst du den Blumentopf mitsamt der ganzen Ameisenbrut weit fort von deinem Beet, vielleicht in die Nähe des Komposts.
Wenn viele Blattläuse an deinen Pflanzen sitzen, kannst du sie mit der Hand herunterstreifen. Der „Aufstieg" gelingt den meisten nicht mehr. Du kannst sie auch mit einem scharfen Strahl aus dem Wasserschlauch herunterspritzen. Oder du nimmst die Blumenspritze mit Schmierseifenwas-

Pflanzenschutzmittel selbst gemacht

Schmierseifenwasser gegen alles, was saugt und beißt
In einem Liter heißem Wasser löst du eine Messerspitze Schmierseife gut auf. Du mußt so lange rühren, bis keine Flocken mehr im Wasser herumschwimmen. Schmierseife ist ein umweltschonendes Putzmittel, und man kann sie in der Drogerie oder in großen Supermärkten kaufen. Wenn im Putzschrank auch noch Brennspiritus steht (damit werden Fenster und Spiegel ohne chemische Mittel blank), darf auch davon ein Schuß in dein Schmierseifenwasser. Das muß aber nicht unbedingt sein.
Lasse das Schmierseifenwasser abkühlen und fülle es mit einem Trichter in eine Blumenspritze. Du solltest immer etwas davon vorrätig haben, denn es wird häufig gebraucht und hilft gegen alle Schädlinge, die saugen und beißen wie zum Beispiel Blattläuse oder Spinnmilben.

Brennesselwasser brennt Läuse weg
Ein Wassereimer wird locker mit frischen, in große Stücke geschnittenen Brennesseln gefüllt. Dazu mußt du Lederhandschuhe anziehen, damit du dich nicht brennst. Dann wird der Eimer mit kaltem Regen- oder Leitungswasser aufgefüllt. Der Eimer bleibt jetzt 24 Stunden lang ruhig stehen. Danach siebst du das Wasser durch und füllst es mit einem Trichter in eine Blumenspritze. Die Brennhaare der Brennessel enthalten ein natürliches Pflanzengift, das jetzt im Wasser schwimmt. Es hilft vor allem gegen Blattläuse. Brennesselwasser kannst du auch für Zimmerpflanzen verwenden.

Schachtelhalmtee gegen Pilzerkrankungen
Schachtelhalm – oder Ackerschachtelhalm – findest du am Wegrand oder in einem feuchten Waldgebiet. Er wächst gern da, wo der Untergrund naß ist. Schachtelhalm gibt es im Gartenfachgeschäft auch als Pulver zu kaufen.
Für Schachtelhalmtee brauchst du entweder 100 Gramm frische Pflanzen oder 15 Gramm, ungefähr einen Teelöffel voll, getrocknetes Pulver. Pflanzen oder Pulver werden in 1 Liter Wasser 30 Minuten lang gekocht. Lasse den Tee abkühlen und siebe ihn durch. Dann wird noch einmal 1 Liter Wasser dazugeschüttet und alles gut durchgerührt. Jetzt ist der Schachtelhalmtee fertig. Er nützt gegen Pilzkrankheiten.

Mehlkleister gegen Spinnmilben
In 1 Liter Wasser rührst du mit dem Schneebesen 100 Gramm Mehl ein, bis keine Klümpchen mehr da sind. Dann wird der Mehlkleister einmal aufgekocht. Du mußt dabei ständig rühren, damit er nicht anbrennt. Der Kleister muß vom Löffel tropfen und noch flüssig bleiben. Wenn er zu dick wird, gieße noch etwas Wasser dazu. Nimm den Topf vom Herd und lasse den Mehlkleister abkühlen. Dann wird er mit einem Trichter in eine Blumenspritze gefüllt. Er verkleistert die Atmungsorgane von Spinnmilben, und die Tiere sterben.

Magermilch tut Tomaten gut
Ein Viertelliter Milch und ein Viertelliter Wasser werden gut vermischt und mit einem Trichter in die Blumenspritze gefüllt. Damit werden Jungpflanzen einmal pro Woche gespritzt, damit sie keine Pilzkrankheiten bekommen. Besonders den kleinen Tomatenpflanzen tut die Magermilch gut.

Wermuttee gegen Raupen
Wer in seinem Garten einen Strauch des bitteren Wermuts hat, kann Wermuttee kochen: 100 Gramm frische Blätter werden mit 1 Liter kaltem Wasser aufgekocht. Dann läßt du den Tee abkühlen, siebst die Blätter heraus und füllst den Tee in eine Blumenspritze. Mit seinem strengen Geruch vertreibt er Schmetterlinge, die auf deinem Gemüse ihre Eier ablegen wollen. Er hilft also gegen die Raupen, die aus Schmetterlingseiern schlüpfen. Wermut ist auch gut gegen Pilzkrankheiten. Wenn du keinen Wermutstrauch im Garten hast, kannst du getrockneten Wermut in der Apotheke kaufen.

ser oder mit Brennesselwasser und spritzt die befallene Pflanze damit tropfnaß. Das machst du an drei Tagen hintereinander. Die natürlichen Feinde der Blattläuse sind Vögel, Florfliegen, Marienkäfer, Ohrwürmer und Schlupfwespen.

Blattfleckenkrankheit: Das ist eine Krankheit, die von winzigen schädlichen Pilzen hervorgerufen wird. Sie befällt vor allem Tomaten und einige Blumen. Die Blätter dieser Pflanzen bekommen dann helle, bräunliche Flecken, die langsam eintrocknen. Schließlich fallen die Blätter ab. Zur Vorbeugung werden Jungpflanzen wöchentlich mit Magermilch tropfnaß gespritzt. Sind die Pflanzen schon größer, kannst du sie einmal pro Woche mit Schachtelhalmtee einsprühen. Wenn die Krankheit schon da ist, schneidest du alle kranken Blätter ab und wirfst sie in die Mülltonne. Sie dürfen nicht auf den Kompost! Dann spritzt du die Pflanzen und den Boden um sie herum drei Tage hintereinander mit Schachtelhalmtee.

Erdflöhe beißen kleine runde Löcher in die Blätter von Radieschen und Kopfsalat. Manchmal kannst du die kleinen, schwarzen Tierchen hüpfen sehen. Das ist vielleicht ein Zeichen dafür, daß es lange nicht geregnet hat und daß du vergessen hast, zu gießen: Erdflöhe fühlen sich nämlich am wohlsten bei Trockenheit. Um vorzubeugen mußt du einfach regelmäßig gießen. Wenn die Plage zu arg wird, spritzt du zweimal pro Woche Wermuttee auf die befallenen Pflanzen und auf den Boden. Du kannst auch etwas Steinmehl über die Pflanzen pudern – daran beißen sich die Erdflöhe die „Zähne“ aus. Die natürlichen Feinde der Erdflöhe sind Vögel.

Fadenwürmer heißen auch Nematoden oder Wurzelälchen. Sie beißen die Wurzeln aller möglichen Pflanzen an. Wenn zu viele davon im Boden sind, gedeiht nichts mehr, und es hilft nur noch eine Radikalkur: Ein Jahr lang werden auf dem betroffenen Beet nur Studentenblumen (Tagetes) und Ringelblumen eingesät. Diese Blumen scheiden aus ihren Wurzeln einen Stoff aus, der die Fadenwürmer vertreibt. Im nächsten Jahr kann das Beet wieder normal bepflanzt werden.

Grauschimmel: Wenn die Erdbeeren einen grauen Schimmelbelag bekommen, haben sie die Grauschimmelkrankheit. Sie wird von winzigen schädlichen Pilzen hervorgerufen und kann auch Salat, Himbeeren und Tulpen befallen. Zur Vorbeugung wird im Frühjahr alle zwei Wochen mit Schachtelhalmtee gespritzt. Es hilft auch, vor dem Pflanzen Schachtelhalmtee auf den Boden zu gießen. Befallene Blätter und Früchte mußt du abknipsen und in die Mülltonne werfen, damit sie andere nicht anstecken.

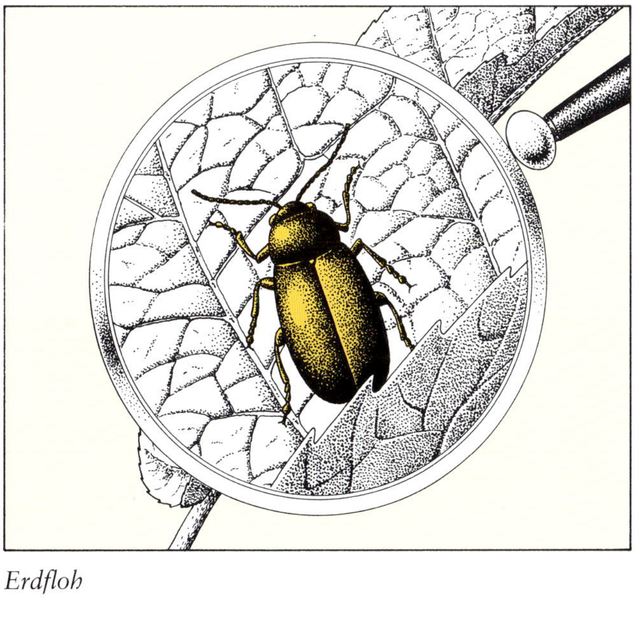

Erdfloh

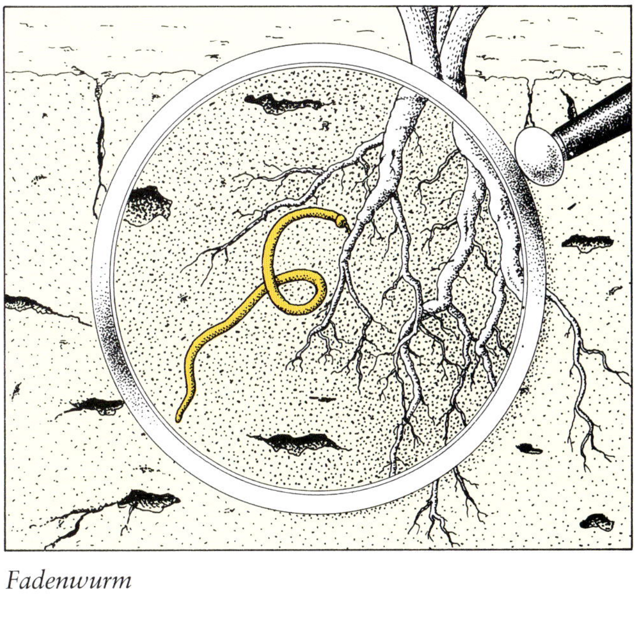

Fadenwurm

Mehltau ist eine Krankheit, die von winzigen schädlichen Pilzen hervorgerufen wird. Er befällt Rosen, viele andere Blumensorten, Salat, Gurken und Stachelbeeren. Es gibt Echten und Falschen Mehltau. Bei beiden sind die Blätter mit einem mehligen Belag überzogen. Dieser Belag ist entweder weiß und sitzt auf der Oberfläche, oder er ist oben auf den Blättern weißgelb und auf der Unterseite grauviolett. Gegen Mehltau hilft am besten die Vorbeugung: Spritze einmal pro Woche Schachtelhalmtee über gefährdete Pflanzen. Außerdem darfst du nichts zu eng zusammenpflanzen, denn wo Licht und Luft nicht hinkommen können, entwickelt sich der Mehltaupilz bestens. Wenn die Pflanze schon krank ist, kannst du sie nur ausreißen und in die Mülltonne werfen. Langlebige Pflanzen wie Rosen spritzt du alle zwei Tage mit Schachtelhalmtee. Die kranken Blätter müssen in die Mülltonne geworfen werden.

Möhrenfliege: Sie legt ihre Eier in den Boden, dicht an ganz junge Möhren. Wenn die Larven ausschlüpfen, bohren sie lange Fraßgänge durch die gelben Rüben. Du siehst diese Gänge erst bei der Ernte, wenn es zu spät für die Abwehr der Möhrenfliege ist. Du kannst aber vorher leicht verhindern, daß sie deine gelben Rüben befällt: Pflanze ein paar Steckzwiebeln zwischen die Möhren. Ihr Geruch vertreibt die Möhrenfliege. Du kannst dir auch Zwiebelschalen aus der Küche holen und sie neben die jungen gelben Rüben legen. Diese Mulchschicht aus Zwiebelschalen kann die Möhrenfliege auch nicht „riechen“. Die natürlichen Feinde der Möhrenfliege sind Vögel und Schlupfwespen.

Raupen: Die häufigsten Raupen auf Gemüsepflanzen sind die des Kohlweißlings. Der hübsche, weiße Schmetterling legt seine Eier mit Vorliebe auf Kohlpflanzen ab. Damit deine Kohlrabi heil bleiben, kannst du sie mit Wermuttee einspritzen. Den Geruch mag der Schmetterling nicht. Sind schon Raupen da, sammele sie einfach ab. Du kannst auch mit Schmierseifenwasser spritzen, aber das Absammeln ist sicherer. Die natürlichen Feinde der Raupen sind Vögel und Schlupfwespen.

Schnecken: Gegen Schnecken hilft am allerbesten das Absammeln. Schnecken kommen nachts aus ihren Verstecken im Boden und unter Steinen hervor. Auch bei Regen fühlen sie sich wohl. Deshalb suchst du am besten in der Dämmerung nach Schnecken oder wenn es regnet. Du kannst ihnen auch eine Falle stellen: Lege ein flaches Brett auf den Weg neben deinem Beet. Darunter verkriechen sich die Schnecken nachts, und du kannst sie am nächsten Morgen bequem absammeln.

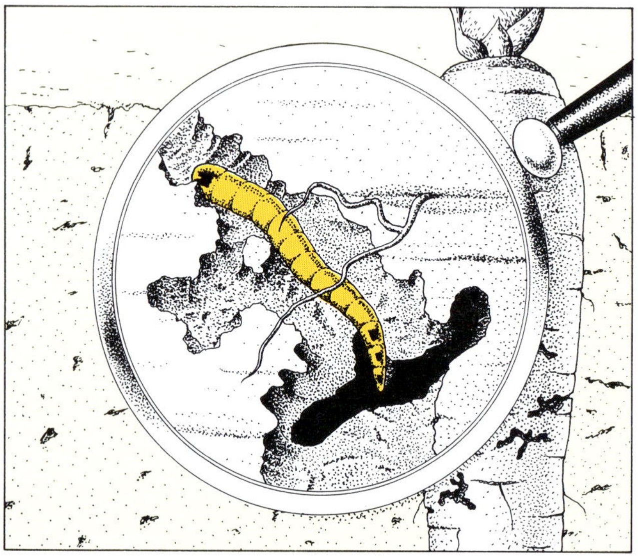

Eine Larve der Möhrenfliege

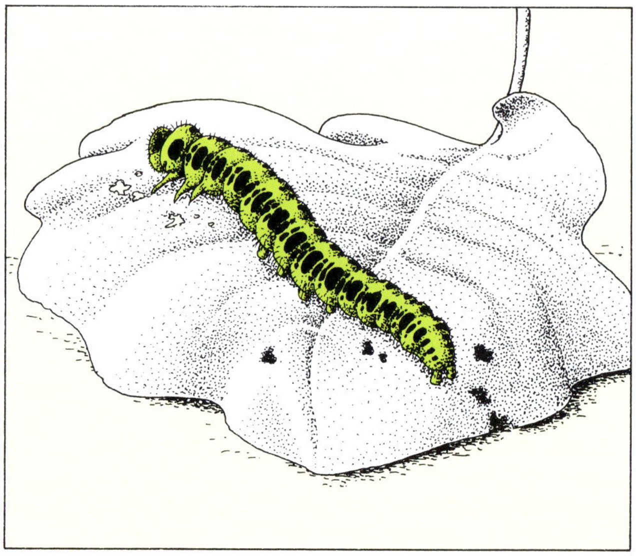

Eine Raupe des Kohlweißlings

Schnecken auf Salatblättern

Zum Schneckensammeln ziehst du am besten Gummihandschuhe an, denn den klebrigen Schleim der Wegschnecken bekommst du nur mit Scheuerpulver und Bürste von den Händen herunter. Abgesammelte Schnecken kannst du in eine große Wiese oder in den Wald tragen. Falls das nicht geht, werden sie in einer Schüssel mit kochendem Wasser übergosssen. Das tötet sie schnell und schmerzlos ab.
Schnecken mit Häuschen solltest du nicht absammeln: Sie fressen die Eier der Nacktschnecken auf. Vor allem die Weinbergschnecken mit ihrem großen Haus sind nützlich. Natürliche Feinde der Schnecken sind Igel, Kröten, Vögel, Laufkäfer, Spitzmäuse, Blindschleichen, Spinnen.

Spinnmilben sind winzig klein. Du siehst sie meist erst, wenn sie die Blätter und Blüten mit einem feinen, durchsichtigen Gespinst überzogen haben. Spinnmilben saugen den Pflanzensaft aus der Pflanze. Spritze befallene Pflanzen alle drei Tage mit Schmierseifenwasser oder mit Mehlkleister ab. Spritze auch auf die Unterseite der Blätter! Die natürlichen Feinde der Spinnmilben sind Vögel und Raubmilben.

Weiße Fliege: Wenn viele kleine Fliegen mit weißen Flügeln an der Unterseite von Tomaten, Kohlrabi oder anderen Gemüsepflanzen sitzen, hast du es mit Weißen Fliegen zu tun. Sie treten vor allem im Gewächshaus auf. Spritze die befallenen Pflanzen mit Schmierseifenwasser oder mit Brennesselwasser und wiederhole die Behandlung am nächsten Tag. Sind die Fliegen immer noch nicht fort, wird am dritten Tag nochmals gespritzt. Natürliche Feinde der Weißen Fliege sind Vögel und Schlupfwespen.

Rußtau: Wenn die Blätter von Rosen, Johannisbeeren oder Obstbäumen einen dunklen, rußarti-

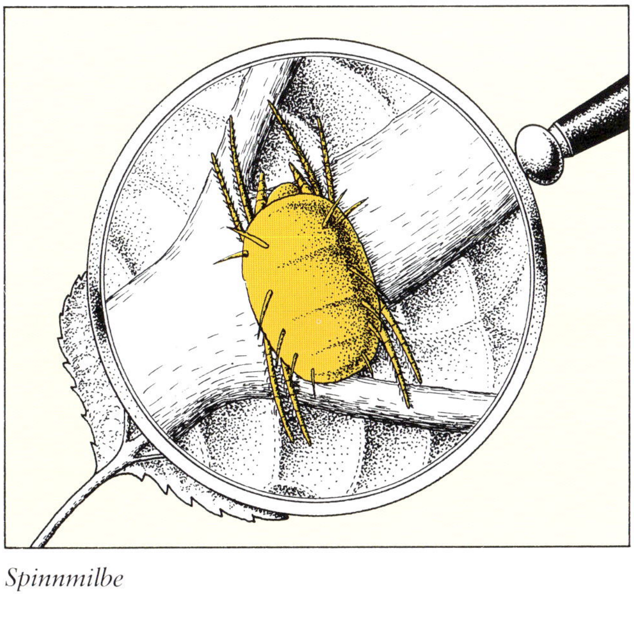

Spinnmilbe

Weiße Fliege

gen Belag bekommen, haben sie Rußtau. Diese Krankheit wird von winzigen schädlichen Pilzen verursacht. Die Pilze siedeln sich auf den Blättern an, wenn zuvor Blattläuse oder Weiße Fliegen ihren süßen Honigtau dort ausgeschieden haben. Gegen den Rußtau selbst kann man nichts machen. Hier hilft nur das Vorbeugen: Blattläuse und Weiße Fliegen müssen abgewehrt werden.

Wühlmäuse sind Nagetiere und fressen die Wurzeln von Blumen, Gemüsepflanzen und Bäumen ab. Sie müssen in Fallen gefangen werden. Wühlmäuse abzuwehren ist ziemlich schwierig. Überlasse das besser Erwachsenen.
Das beste natürliche und garantiert giftfreie Mittel ist eine tüchtige Katze. Sie darf aber nicht so viel Fertigfutter bekommen, daß sie dick und faul wird, sondern sie muß noch Appetit auf Mäuse haben. Dann ist sie besser als jede Falle. Giftige Köder sollte man besser nicht auslegen. Katzen sterben, wenn sie vergiftete Mäuse fressen. Auch Maulwürfe und andere nützliche Tiere können eingehen, wenn sie so einen Köder erwischen. Blumenzwiebeln kann man schützen, wenn man sie in einem Pflanzkorb in die Erde setzt. Baumwurzeln werden mit einem Stück engmaschigem Draht umwickelt. Wolfsmilchpflanzen und die stinkende Zwiebel der wunderschönen Kaiserkrone vertreiben Wühlmäuse aus dem Beet.

Nützliche Tiere, und was du für sie tun kannst

Ameisen sind die Müllmänner des Gartens. Sie beißen welke Blätter klein, schleppen abgestorbene Insekten in ihren Bau und beseitigen jede Menge „Abfall". Wenn Ameisen lästig werden, kannst du sie zum Umziehen bewegen. Wie das geht, ist unter dem Stichwort „Blattläuse" in diesem Kapitel beschrieben.

Bienen: Honigbienen fliegen vom nahegelegenen Bienenstock eines Imkers in deinen Garten. Wildlebende Bienen bauen ihre Nester direkt im Garten. Bienen kannst du anlocken, indem du Pflanzen setzt, die sie gern mögen. Dazu gehören Krokus, Weidenkätzchen und Haselnußsträucher. Besonders wichtig ist der erste Nektar im Frühling, wenn nur wenige Blüten da sind. Im Sommer sind die Blüten des Küchenkrauts Borretsch und der blauen Blume Phazelia besonders beliebt, aber auch viele andere Blumen, die auf deinem Blumenbeet blühen können. Bienen sind wichtig, weil sie für die Bestäubung der Blüten sorgen.

Blattwanzen sehen nicht besonders sympathisch aus, sind aber sehr nützlich. Sie fressen Läuseeier und Blattläuse. Wenn du sie entdeckst, laß sie in Ruhe!

Wühlmaus

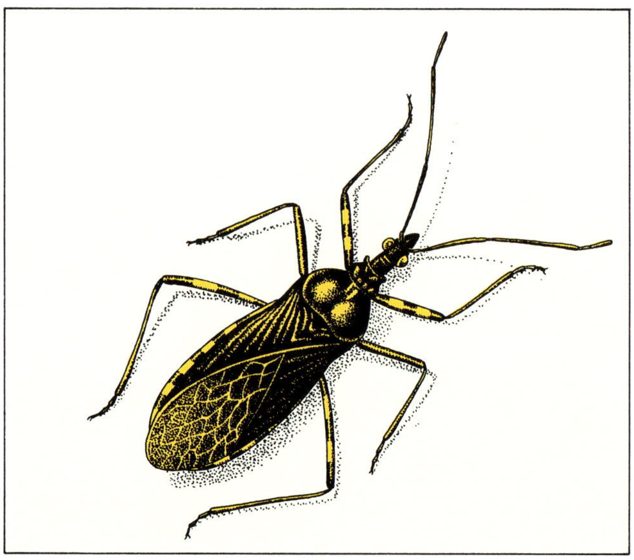

Blattwanze

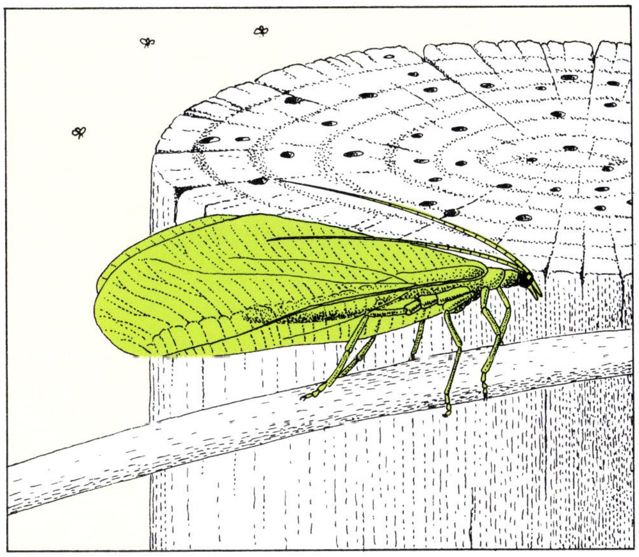

Florfliege

Florfliegen sind grün, haben goldene Augen und durchsichtige, lichtgrüne Flügel. Florfliegen fressen viele Insekten. Ihre Larven sind wahre Meister im Vertilgen von Blattläusen. Wenn du im Haus, im Keller oder im Gartenhäuschen im Herbst eine Florfliege entdeckst, störe sie nicht. Sie braucht diesen Platz zum Überwintern.

Frösche fressen Fliegen, Schnaken und Raupen. Sie leben am liebsten in der Nähe eines Teichs, in den sie ihren Laich ablegen können. Wenn sie einmal dort gelaicht haben, kommen die Frösche immer wieder zu diesem Teich zurück.
Sie können aber nur überleben, wenn keine Fische im Teich schwimmen. Sie würden den Froschlaich auffressen. Setze deshalb keine Fische in den Gartenteich.

Igel fressen für ihr Leben gern Schnecken. Außerdem mögen sie auch Mäuse und Raupen und knabbern am Fallobst. Igel darfst du im Herbst nicht einfangen und im Keller überwintern lassen. Die meisten Igel sterben dabei. Schaffe ihnen lieber draußen einen Platz, wo sie ihr Winterschläfchen halten können. Ein Haufen aus Reisig, Baumschnitt, Laub und ein paar großen Steinen ist ideal für Igel. Wenn du eine „wilde Ecke“ einrichten kannst, ist das genau das richtige. Wie man das macht, liest du in dem Abschnitt „Die wilde Ecke“.

Kröten fressen Schnecken und andere Insekten. Sie brauchen wie die Frösche einen Platz in der Nähe eines Teichs oder Sees, in dem keine Fische schwimmen. Die Fische würden den Laich der Kröten auffressen und so das Krötenvolk in deinem Garten ausrotten.

Laufkäfer marschieren eilig über Gartenwege und Beete. Laufkäfer haben goldene, grüne oder schwarze Flügel. Tagsüber verstecken sie sich gerne unter einer Mulchdecke oder im Kompost. Sie sind sehr nützlich, denn sie fressen Schneckeneier und viele Insekten.

Marienkäfer haben einen unersättlichen Appetit auf Blattläuse. Vor allem ihre unscheinbaren Larven sind sehr hungrig. Eine einzige Larve vertilgt am Tag 20 Blattläuse! Marienkäfer legen ihre Eier am liebsten auf Wildkräuter ab. Wenn diese Pflanzen irgendwo im Garten, zum Beispiel in der „wilden Ecke“, ungestört wachsen dürfen, gedeihen auch die Marienkäfer. Zum Überwintern kommen sie ins Haus oder setzen sich in Mauerspalten. Wenn du sie im Winter dort entdeckst, störe sie nicht. Die Kinder der Marienkäfer kommen im nächsten Jahr wieder an denselben Platz.

Ohrwürmer gehören zu den größten Feinden der Blattläuse. Sie brauchen ein Versteck, in dem sie

Ohrwurm

tagsüber schlafen können. Nachts gehen sie dann auf die Jagd nach Blattläusen. Als Versteck mögen sie gerne einen Blumentopf, der mit Holzwolle gefüllt und mit einem Stück Maschendraht locker verschlossen ist. Diesen Blumentopf kannst du in den Obstbaum hängen. Dann sind die Ohrwürmer gleich zur Stelle, wenn Blattläuse an den Blättern saugen.

Schlupfwespen: Ihre Larven fressen Blattläuse und Raupen. Sie brauchen vor allem einen ungestörten Platz zum Überwintern. Am liebsten schlafen sie in der Rinde von Obstbäumen oder in den Sträuchern einer Hecke. Wenn solche Pflanzen im Garten wachsen, sind auch Schlupfwespen da.

Schwebfliegen sind schwarz und gelb gestreift und sehen aus wie Wespen. Wenn du genauer hinschaust, entdeckst du aber die zwei dicken Fliegenaugen, an denen du sie leicht unterscheiden kannst. Die gefährliche Farbe ist nichts als Tarnung. Sie soll den Vögeln sagen: Vorsicht, hier kommt ein Tier mit einem gefährlichen Stachel! In Wahrheit haben Schwebfliegen keinen Stachel. Ihre Larven fressen Unmengen von Blattläusen. Schwebfliegen vermehren sich vor allem dann besonders, wenn in einer Gartenecke Wildkräuter wachsen dürfen.

Vögel sind die wichtigsten Insektenjäger im Garten. Eine Meise zum Beispiel frißt am Tag so viele Insekten, wie sie selbst wiegt. Und noch einmal soviel schleppt sie für ihre Jungen herbei. Vögel brauchen vor allem ungestörte Nistplätze. Es gibt für jede Vogelart Nistkästen oder Nisthilfen. Du kannst sie kaufen oder basteln. Wenn du spezielle Fragen hast, kannst du dich auch an den Deutschen Bund für Vogelschutz wenden. Die Adresse: Achalmstr. 33 A, 7014 Kornwestheim.
Natürliche Nistgelegenheiten finden Vögel in Obstbäumen und in Hecken aus vielen verschiedenen Bäumen und Sträuchern. In so einer bunten Hecke sollten auch Gehölze mit Stacheln und Schlingpflanzen wie Brombeeren wachsen: Das schützt die Vögel vor hungrigen Katzen.
Im Winter kannst du die Vögel, die nicht in den Süden ziehen, in einem Vogelhäuschen füttern. Noch lieber allerdings mögen Amseln und Meisen, Buntspecht und Distelfink die Samen aus verblühten Stauden. Deshalb sollen die letzten verwelkten Blumen im Garten stehenbleiben und erst im Frühjahr abgeschnitten werden. In der Rinde der Obstbäume suchen Vögel nach überwinternden Insekten und Larven. Sie picken auch an den Wänden des Gartenhäuschens und am Holzzaun. Deshalb sollte Holz im Garten nur mit einem ungiftigen Holzschutzmittel gestrichen werden.

Starenkasten

Nisthöhle

Und was ist mit dem Unkraut?

Unkräuter auf dem Gartenbeet sind wilde Pflanzen, die du nicht gesät hast. Der Wind hat ihren Samen hergetragen, oder sie wuchsen aus Wurzelstückchen, die im Boden lagen. Wir nennen sie lieber Wildkräuter, denn in der Natur sind diese Kräuter wichtig und gar nicht unnütz!
In deinem Garten sollten Wildkräuter in einer Ecke ungestört wachsen dürfen. Viele Insektenarten und Schmetterlinge legen dort ihre Eier ab oder finden etwas zu fressen. Auch auf dem Gartenbeet mußt du nicht jedes einzelne wilde Pflänzchen ausrotten. Wie viele Insekten, so stören auch sie nur, wenn es zu viele werden. Dann nehmen sie den Gartenpflanzen die Nährstoffe weg, das Licht und die Luft. Deshalb müssen Beete gejätet werden. Die Wildkräuter werden dabei mit der Hacke oder von Hand entfernt.
Am besten nimmst du eine Ziehhacke, mit der man die Kräuter abschneidet, indem sie durch den Boden gezogen wird. Das kostet weniger Kraft als die Arbeit mit der Schlaghacke. Die Wildkräuter können einfach auf dem Beet liegenbleiben und eine Mulchdecke bilden. Wenn es aber zu viele sind, kannst du sie auch absammeln und auf den Kompost werfen.
Besonders nützlich ist das Wildkraut aber, wenn du es in den Eimer wirfst, in dem die Pflanzenjauche gemacht wird. Jedes dieser „Un-kräuter" hat nämlich wichtige und heilsame Stoffe für den Gartenboden in sich. Diese Stoffe gibt das Kraut an das Jauchewasser weiter. Du siehst also, daß Wildkräuter sehr nützlich sein können.
Für solch eine spezielle Kräuterjauche nimmst du einfach alle Pflänzchen, die du aus dem Beet gehackt hast, und wirfst sie in einen Eimer mit Wasser. Kamille und Löwenzahn, Vogelmiere und Wegerich vergären dort zu einer Nährlösung, die dem Gartenbeet besonders gut bekommt.
Das Jäten ist übrigens halb so schlimm, wenn du die Wildkräuter gar nicht erst groß werden läßt. Je kleiner und zarter die Pflanzen sind, desto besser bekommst du sie aus dem Boden. Zwischen Juni und Juli wachsen alle Pflanzen besonders schnell – auch die, die der Wind gesät hat. In diesen Wochen ist das Jäten alle fünf bis sieben Tage besonders wichtig. Wenn ein Wildkraut schon Samen angesetzt hat, kannst du es herausziehen und in die „wilde Ecke" werfen. Dort darf es sich ungestört ausbreiten. So eine Ecke mit „Unkraut" ist die Kinderstube und Futterstätte für viele Insekten und Vögel. Außerdem bekommst du dort immer Nachschub für die Kräuter-Jauchetonne.

Der Traum vom ganz langen Sommer

Der Traum vom ganz langen Sommer

Viel zu lange dauert es in manchem Frühjahr, bis der Schnee wegtaut, bis die Sonne warm scheint und du endlich wieder hinaus in den Garten kannst. Was für ein schöner Traum wäre es doch, zu säen und zu pflanzen, wenn es noch sehr kalt ist, im mollig warmen Gewächshaus zu stehen, wenn draußen dicke Schneeflocken vom Himmel schweben.

Noch im Spätherbst gedeihen auf deinem Beet zarter Kopfsalat und saftige Tomaten. Unvermutet kann eine einzige Nacht Blumen und Gemüse vernichten. Der erste Frosteinbruch ist da, und das Gartenjahr ist zu Ende. Es wird unwiderruflich Winter.

Der Sommer ist eben manchmal viel zu kurz. Aber du kannst ihn ganz einfach verlängern: Kaltes Frühlingswetter und der erste Frost im Herbst machen deinen Pflanzen nichts aus, wenn sie durch Glas oder Folie geschützt werden. Am besten ist natürlich ein eigenes Gewächshaus, aber es ist aufwendig und teuer. Wer keines bekommen kann, hilft sich anders – mit ein paar Tricks, die gar nichts oder nur wenig kosten.

Wenn Pflanzen mit Glas oder speziellen Folien geschützt werden, wärmt sie das nicht nur, sondern schützt sie auch. Diese Abdeckungen und Häuschen halten nämlich auch einen großen Teil der Luftverschmutzung wie Staub und Ruß von deinen Pflanzen fern. Das ist besonders im Winter wichtig, wenn aus jedem Hauskamin einer Öl- oder Kohlenheizung Schadstoffe aufsteigen, nicht weit fliegen, sondern sich häuslich im Garten niederlassen.

Auch auf den Gartenpflanzen, die du im Winter ernten willst, findest du sie wieder: auf dem Feldsalat, dem Spinat und dem Winterkopfsalat. Folien oder Glashäuser sind also nicht nur reiner Luxus, sondern schützen vor Kälte und vor Umweltgiften.

Ein spinnwebzartes Vlies schützt frühe Saaten

Es ist zart wie Spinnweben, federleicht, hauchdünn und weiß: das Faservlies zum Schutz frostempfindlicher Saaten und Pflanzen. Es heißt „Agryl P 17" und ist in guten Gartenfachgeschäften zu haben. Für ein paar Mark bekommst du ein großes Stück, das für mehrere Beete reicht. Es läßt sich mit einer Schere so leicht zurechtschneiden wie Stoff. Das Vlies hält Frost bis −5 Grad Celsius ab.

Ein Vlies für den Boden

Und so wird es benützt: Säe auf dein Gartenbeet Buschbohnen, Kopfsalat, Radieschen, Spinat oder gelbe Rüben. Du kannst das zwei bis vier Wochen früher tun, als das ohne Kälteschutz möglich wäre, also Anfang bis Mitte April. Die einzige Bedingung ist, daß die Erde nicht mehr gefroren ist. Wenn du gesät und die Erde festgeklopft hast, wird das Vlies über das Beet gebreitet. An den Rändern gräbst du es mit dem Spaten in die Erde ein. Du kannst es auch rundherum mit Steinen beschweren. Das Vlies muß locker auf dem Beet liegen, darf aber keine Wellen schlagen. Wenn deine Keimlinge Wasser brauchen, kannst du direkt durch das Vlies hindurchgießen. Es muß nicht abgenommen werden.

Wenn die Pflanzen größer werden, dehnt sich das Vlies aus und wächst eine Zeitlang mit. Nimm es zwischendurch an einem schönen Sonnentag weg und hacke die Reihen einmal durch, damit sich nicht zu viele Wildkräuter breitmachen.

Ende Mai wird das Vlies vom Beet heruntergenommen. Laß es trocknen und schüttle vorsichtig die Erdkrumen weg. Dann legst du es zusammen und bewahrst es bis zum Herbst auf. Jetzt kannst du dich auf eine ganz frühe Ernte freuen: Du

ziehst die ersten Radieschen aus dem Boden und schneidest den ersten Salat ab, wenn andere Leute gerade Jungpflanzen setzen oder säen.
Anfang Oktober breitest du das Vlies über die letzten Salatköpfe und Radieschen. Sie sind dann vor dem ersten Nachtfrost geschützt. Wenn alles geerntet ist, legst du das Vlies zusammen und bewahrst es auf bis zum nächsten Frühjahr.

Ein Frühbeet für frühe Ernten

Ein Frühbeet ist ein Kasten aus Holzbrettern mit einem Deckel aus Glas oder aus Kunststoffolie. Es ist ein richtiger Sonnenfänger: Die Sonnenstrahlen dringen durch den durchsichtigen Deckel, können aber nicht mehr zurück und verwandeln sich in Wärmestrahlen. In einem Frühbeet erwärmt sich die Erde viel früher als im Freien. Du kannst oft schon im März säen, wenn die Erde auf anderen Beeten noch gefroren ist. Im Sommer gedeihen wärmeliebende Pflanzen wie Gurken oder Tomaten im Frühbeet.
Ein Frühbeet gibt es in vielen Modellen zu kaufen. Man kann es aber auch leicht selbst bauen. Der Kasten aus vier Brettern ist schnell zusammengeschraubt. Darauf kommt ein Rahmen, der mit einem Scharnier am Kasten befestigt wird. Am Rahmen machst du mit Reißzwecken starke Folien aus dem Gartenfachgeschäft fest. Geschickte Bastler bauen den Kasten so, daß ein altes, ausgedientes Fenster als Deckel aufgelegt werden kann.
Wie groß dein Frühbeet wird, hängt vom Platz ab, der vorhanden ist. Es sollte nur nicht breiter sein als 1 Meter, damit du es bequem bepflanzen und pflegen kannst. Gelbe Rüben und Spinat kannst du schon im März ins Frühbeet säen, Kopfsalat und die ersten Küchenkräuter wie Dill und Kresse im April. Die fertigen Gemüse kannst du dann zwei bis vier Wochen früher ernten als im Freien. Ab Mitte April stellst du Jungpflanzen hinein, die du auf dem Fensterbrett vorgezogen hast.
Im Mai setzt du die Pflanzen hinein, die den ganzen Sommer über im Frühbeet bleiben. Das können zum Beispiel Gurken sein. Sie werden genauso gesät und gepflanzt wie Kürbis oder Zucchini. Nimm eine Sorte Samen, die extra für das Gewächshaus oder den Frühbeetkasten geeignet ist. Das steht auf der Samentüte.
Sehr gut gedeihen auch Tomaten im Frühbeet. Du brauchst dafür eine ganz spezielle Sorte, die nicht in die Höhe wächst, sondern in die Breite: die Buschtomate. Sie wird genauso gesät und gepflegt wie alle anderen Tomaten. Aber sie wird nicht an einen Stock gebunden, und die Geiztriebe in den Blattachseln werden nicht entfernt.

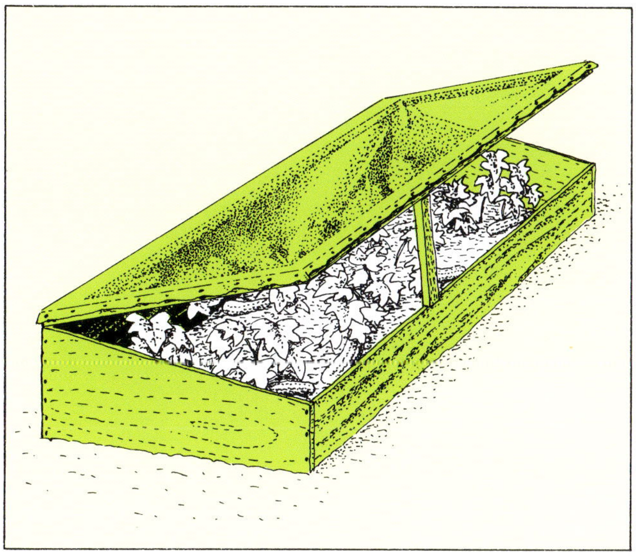

Gurkenpflanzen im Frühbeet

Buschtomate

Treibhausgurke

So wächst diese Tomatenpflanze zu einem richtigen breiten Busch heran. In einen Frühbeetkasten von 1 Meter Seitenlänge passen zwei Gurken- oder zwei Tomatenpflanzen.
Ende August werden die Gurken und Tomaten abgeerntet. Schaufle reifen Kompost in das Frühbeet und lockere die Erde gut. Jetzt kannst du Winterpflanzen säen, wie zum Beispiel den Winterkopfsalat. Anfang Mai erntest du dann große, schwere Salatköpfe – der erste Kopfsalat im Jahr! Spinat wird noch im Herbst erntereif. Wenn du immer nur die äußeren Blätter abschneidest, kannst du noch viele Wochen weiterernten. Feldsalat kannst du schneiden, wenn es friert und schneit. Er wächst im Schutz des Frühbeets heran, und die Schneedecke berührt ihn nicht.

Das Frühbeet pflegen

Auf die Erde im Frühbeet fällt kein Regentropfen. Du mußt deshalb regelmäßig gießen. Ebenso wichtig wie das Wasser ist frische Luft. Im Frühjahr machst du das Frühbeet immer dann einen Spalt auf, wenn die Sonne warm scheint. Klemme einfach ein Stück Holz zwischen Kasten und Deckel. Am Nachmittag machst du den Deckel dann wieder zu. Wenn es nachts besonders kalt zu werden droht, legst du eine Strohmatte oder eine alte Decke auf den Glas- oder Foliendeckel. Vergiß nicht, diesen Frostschutz am nächsten Morgen wieder wegzunehmen. Es könnte den Pflanzen im Frühbeet sonst leicht zu heiß werden, und dann gehen sie ein.
Ab Mai kannst du den Deckel des Frühbeets ganz aufklappen. Auch nachts wird er nicht mehr ganz geschlossen. Wenn du das Holzstück zwischen Kasten und Deckel klemmst, bekommen die Pflanzen Luft. Bei Regen oder niedrigen Temperaturen bleibt der Deckel auch tagsüber in dieser Stellung. Dann ist es im Frühbeet schön warm und luftig. Wenn der Sommer viele kühle Wochen hat, gedeihen Tomaten und Gurken im Frühbeet viel besser als im Freien.
Wenn du Winterpflanzen gesät hast, braucht das Frühbeet auch in den kalten Monaten ab und zu Wasser. Fühle aber zuerst an der Erde, ob das Gießen nötig ist. Gieße nur bei trockener Erde, sonst könnten die Pflanzen Mehltau bekommen.

Das kleinste aller Gewächshäuser – ein Einmachglas

Einzelne junge Pflanzen auf deinem Gartenbeet kannst du im Frühling ganz gratis vor Frost schützen, indem du ein leeres Einmachglas oder ein großes Marmeladeglas darüberstülpst. Pro Pflanze brauchst du ein sauber ausgewaschenes

Das kleinste Gewächshaus der Welt

Glas. Setzlinge vom Kopfsalat oder Kohlrabi kannst du schon Mitte April in dein Gartenbeet pflanzen. Über jede Jungpflanze wird ein leeres Glas gestülpt, das wie ein winzig kleines Gewächshaus wirkt: Es fängt die Sonnenstrahlen ein und verwandelt sie in Wärme. Schön feucht ist es in so einem kleinen Treibhaus auch. Das Glas ist außerdem ein fabelhafter Schutz vor Schnecken: Sie kriechen außen am Glas hoch und schauen hungrig auf deinen Salat!
Wenn die Sonne warm scheint, legst du einen Stein unter das Glas. Es steht dann etwas schräg, und Luft kommt an die Pflanzen. Wird es sehr warm, stellst du die Gläser tagsüber beiseite und stülpst sie abends wieder über die Pflanzen.
Wenn es regnet, kann Erde an deine Gewächshausgläser spritzen. Wasche sie sorgfältig sauber, denn sonst dringen die Sonnenstrahlen nicht durch das Glas und wärmen deine Pflanzen nicht mehr.

Das Gewächshaus – der Traum vom ganz langen Sommer

Ein eigenes Gewächshaus ist der Traum vieler großer und kleiner Gärtner. Es gibt Häuser aus Glas, aus Kunststoffplatten oder aus Folie. Die Folienhäuser sind die billigsten. Geschickte Bastler können so ein Haus auch aus Dachlatten und Nagelbindern selbst machen. Folie vom Meter gibt es im Gartenfachhandel zu kaufen.

Ein Gewächshaus von innen

Die Häuser aus Kunststoffplatten sind sehr teuer. Sie halten die Pflanzen jedoch besonders warm, denn die Luft zwischen den Kunststoffplatten wirkt wie ein wärmendes Polster. Ein kleines Gewächshaus aus Glas kostet ein paar hundert Mark. Es sieht im Garten besonders schön aus und hält viele Jahre.
Beim Pflanzen und Pflegen gibt es keine Unterschiede zwischen diesen Gewächshausmodellen. Allesamt sind sie große Sonnenfänger: Die schrägen Seitenwände und das Dach lassen Sonnenstrahlen durch und verwandeln sie im Inneren in Wärme. Damit besonders viel Sonne gesammelt werden kann, sollte das Gewächshaus mit der Längsseite immer in Ost-West-Richtung stehen.

Warten auf den Frühling: Das Gewächshaus wird vorbereitet

In einem Gewächshaus kannst du wie im Freiland Beete anlegen und direkt in die Erde pflanzen. Du kannst aber auch Tische verwenden und Kisten oder Schalen mit Jungpflanzen daraufstellen. Es gibt auch Hängetische aus Metallgittern, die keine Beine haben. Das ist praktisch, denn so bringst du eine ganze Menge Pflanzen unter. Du kannst die Tische vollstellen und außerdem in die Erde pflanzen.
Lockere die Erde mit dem Sauzahn tief auf und breite guten, reifen Kompost darüber, den du leicht mit dem Rechen einarbeitest. Grobkompost oder unverrottete Pflanzenreste haben im Gewächshaus nichts zu suchen. Eine Ausnahme ist Stroh, das du zum Abdecken des Bodens, zum Mulchen, nehmen kannst. Reche die Beete sauber glatt. Säen und Pflanzen kannst du je nach Witterung ab März. Das Gewächshaus sollte weitgehend frostfrei sein. Du wirst allerdings kaum nachts aufstehen und nachmessen, wie kalt es draußen ist. Deshalb ist ein Minimum-Maximum-Thermometer sehr praktisch. An diesem Spezialthermometer kannst du genau ablesen, wie kalt es letzte Nacht war. Mehr darüber kannst du im ersten Kapitel nachlesen.
Gesät und gepflanzt wird in einem Gewächshaus genauso wie im Freiland – nur eben viel früher. Wenn du es geschickt anstellst, kannst du viele Wochen zeitiger ernten als ein Freilandgärtner. Sogar mitten im Winter holst du aus dem Glas- oder Folienhaus frischen Salat.

Frühling: Salat und Gemüse frisch aus dem Gewächshaus

Im März liegt draußen oft noch hoher Schnee. In deinem Gewächshaus aber haben die ersten Sonnenstrahlen schon kräftig geheizt. Die braune Erde ist warm und locker. Du kannst jetzt den ersten Kopfsalat säen. Dazu brauchst du eine ganz bestimmte Sorte, einen Früh- oder Treibsalat. Diese Salatsorte kannst du am warmen Fensterbrett in eine Schale säen und später die fertigen Pflänzchen ins Gewächshaus setzen. Stelle dazu die Saatschale erst ein paar Tage lang nur tagsüber ins Gewächshaus und nimm sie nachts wieder ins Haus. So können sich die Jungpflanzen an das viele Licht und die frische Luft gewöhnen. Auch Radieschen, Kohlrabi und Stangenbohnen können schon im März gesät werden. Vergiß das Lüften nicht: Wenn die Temperatur im Gewächshaus über 18 Grad steigt, muß ein Fenster oder die Tür aufgemacht werden. Außerdem brauchen alle Pflanzen regelmäßig lauwarmes Gießwasser. Im April kannst du mit verdünnter Pflanzenjauche düngen. Alle zwei Wochen wird der Boden rund um die Pflanzen damit vorsichtig gegossen. Jetzt

Gemüsepaprika

dürfen auch Gurken und Tomaten, die am warmen Fensterbrett vorgezogen wurden, in das Gewächshausbeet. Höre abends den Wetterbericht: Wenn noch einmal ein kräftiger Nachtfrost droht, deckst du deine Pflanzen über Nacht dick mit Zeitungspapier ab.

Im Mai sind Kopfsalat, Kohlrabi und Radieschen geerntet. Jetzt stehen nur noch die Pflanzen im Gewächshaus, die den ganzen Sommer über dort bleiben. Das können Tomaten sein, Gurken, Stangenbohnen oder Paprikapflanzen. Gurken werden gesät und gepflegt wie Zucchini. Paprika werden wie Tomaten behandelt. Sie brauchen aber nicht ausgegeizt zu werden. In einem kleinen Gewächshaus sollten nie Tomaten und Gurken zusammen gepflanzt werden. Sie mögen sich gegenseitig nicht.

Bevor du Saatgut für das Gewächshaus kaufst, lies erst genau nach, was auf dem Samentütchen steht. Es gibt besondere Sorten für das Pflanzen unter Glas und Folie. Das steht entweder mit Worten auf dem Samentütchen, oder es ist ein Symbol darauf gezeichnet, zum Beispiel ein einfaches Gewächshaus.

Im Gartenfachgeschäft kannst du dich auch direkt beraten lassen, welche Sorten sich eignen. Sie sind vielleicht ein bißchen teurer als Supermarkt-Saatgut, aber auch besonders gut: Die Spezialsorten halten die hohen Temperaturen und die große Feuchtigkeit in der Luft sehr gut aus und sind widerstandsfähig gegen viele Krankheiten.

Auch viele Küchenkräuter gedeihen gut im Gewächshaus. Sie sind dort zudem vor Schadstoffen besser geschützt als im Freien: vor Staub, Blei und Ruß aus Autoabgasen und vor manchem sauren Regenguß. Die krause Petersilie, das Bohnenkraut, das wärmeliebende Basilikum und der feine Dill wachsen unter dem Schutz von Glas und Folie besonders gesund heran. Du kannst diese Kräuter einfach zwischen die großen Gemüsepflanzen säen.

Von Juni bis August kannst du pfundweise Tomaten, Gurken und Kräuter ernten. Dünge einmal pro Woche mit Pflanzenjauche und decke jedes freie Fleckchen Erde mit Stroh ab. Das Stroh hält das Wasser im Boden, und du mußt weniger gießen. Du kannst aber auch völlig getrocknetes Gras vom Rasenmähen nehmen. Es darf aber kein einziges Grassamenkorn enthalten, denn das würde in deinem Gewächshaus sofort sprießen.

Wildkräuter haben im Gewächshaus nichts zu suchen. Dort ist der Platz zu kostbar, und die Gemüsepflanzen sind hungrig. Außerdem gedeihen die wilden Pflanzen im Schutz des Gewächshauses hervorragend und können meterhoch werden! Hacke sie lieber ab, solange sie noch klein und zart sind.

Im September und Oktober wird dein Sonnenhaus auf den Winter vorbereitet. Am besten kleidet man das Häuschen mit einer dicken Noppenfolie aus. Das ist eine Kunststoffolie aus dem umweltfreundlichen Kunststoff Polyäthylen, die eingebaute Luftpolster hat. Sie schützt die Pflanzen im Gewächshaus sehr lange vor Frost. Wenn du keine Folie hast, kannst du die letzten Sommerpflanzen mit Zeitungspapier vor dem Frost schützen.

Für den Winter kannst du Feldsalat, Spinat und Winterkopfsalat einsäen. Wenn du das Anfang September machst, wird der Feldsalat so groß, daß du den Salat schon für Weihnachten liefern kannst. Du schneidest die gefrorenen Feldsalatpflanzen einfach ab. Bei Zimmertemperatur tauen sie schonend auf.

Spinat

Der Gärtner ohne Land

Der Gärtner ohne Land

Gärtnern kann jeder – auch wenn er keinen Garten hat. Vielen Kindern geht es so, vor allem wenn sie in der Stadt wohnen: Sie haben Pflanzen gerne, sie freuen sich, wenn sie wachsen und blühen, wenn sie duften oder wenn man Blätter und Früchte essen kann. Aber einen Garten gibt es bei ihnen zu Hause nicht.

Bist du auch so ein „Gärtner ohne Land"? Dann hol dir doch den Garten in die Wohnung – auf den Balkon oder ans Fenster. Zugegeben, so ein Garten im fünften Stock sieht anders aus als der auf dem Erdboden. Aber er kann ebensoschön sein und genausoviel Freude machen.

In einem Balkon-Garten kannst du einen Obstbaum haben, Rosen blühen lassen und einen Teich anlegen. Du kannst Beeren ernten, Salat und Tomaten. Im Fensterbrett-Garten gedeiht vieles davon auch, und noch mehr: Pflanzen, die mit den Blättern duften; solche, die sich bewegen; Pflanzen, die Fliegen fangen, und andere, die ganz ohne Erde wachsen. Auch wenn nicht viel Platz ist, blühen Blumen, so bunt wie ein Farbkasten; wachsen Früchte, so süß wie der Sommer; duften Kräuter, würzig und geheimnisvoll wie aus fernen Ländern.

Also bitte, wer sagt da, du hättest „nur" ein Fensterbrett oder „nur" einen Balkon?

Im Balkonkasten vor dem Fenster kann man die schönsten Blumen ziehen.

Das Gartenfenster

Alle Pflanzen brauchen Licht und Wärme, um zu wachsen und zu gedeihen. Besonders viel Licht bekommen sie, wenn sie außen, vor dem Fenster, stehen dürfen. Dazu sind Halterungen nötig, die in die Wand geschraubt werden. Darauf kommt ein stabiles Brett mit einer Leiste auf der Vorderseite, damit kein Topf oder Kasten abrutscht. Noch sicherer ist ein geschlossener Holzkasten, in den die Töpfe hineingestellt werden können. Solche Halterungen, Bretter und Kästen müssen von Erwachsenen angebracht werden. Und zwar so, daß du deinen Fenster-Garten bequem im Stehen gießen kannst. Bitte nie aus dem Fenster lehnen – das ist gefährlich!

Bei Mietwohnungen kann es vorkommen, daß der Hausbesitzer keine Pflanzen außen vor dem Fenster erlaubt. Das finden wir zwar nicht gut, aber manchmal ist es nicht zu ändern. Dann wird der Fenster-Garten für den Sommer eben drinnen angelegt. Im Winter bleiben Topfpflanzen, die keinen Frost ertragen, sowieso im Zimmer.

Fensterbretter aus Holz werden am besten mit einer Naturharzfarbe lackiert. So ein Lack ist ungiftig und schützt das Brett, wenn einmal Gießwasser danebengeht. Wenn du beim Gießen kleckerst, wischst du das Wasser am besten gleich weg, sonst bilden sich häßliche Wasserränder. Ein Fensterbrett aus Stein, zum Beispiel Marmor, kannst du ganz dünn mit farblosem Bohnerwachs einreiben. Das schützt zusätzlich vor Wasserflecken.

Besonders schmale Fensterbretter kann man nach innen vergrößern, indem ein breiteres Brett daraufgeschraubt wird. Es muß gut befestigt werden, damit es nicht kippt, wenn Blumentöpfe draufgestellt werden. Das Brett sollte so breit sein wie das Fenster, aber nicht tiefer als vierzig Zentimeter. Die Pflanzen müssen nämlich dicht

am Fenster stehen, sonst bekommen sie nicht genug Licht.
Wenn das Fenster nach innen aufgeht, wird die Sache schwierig, denn Fensterscheiben müssen schließlich ab und zu geputzt werden. Vielleicht können Halterungen angeschraubt werden, auf die ein breites Blumenbrett oder ein wasserdichter Blechkasten gestellt wird. Zum Putzen kann alles abgenommen werden. Fensterscheiben zu putzen hat nichts mit übertriebener Sauberkeit zu tun: Dreckige Scheiben lassen das Licht nicht richtig zu deinen Pflanzen durch. Sie halten es zurück wie Filterpapier das Kaffeepulver. Und wenn Pflanzen zu wenig Licht bekommen, verkümmern sie.

Ein Minigarten auf dem Fensterbrett
In einer großen Kiste, wasserdicht mit Folie ausgekleidet, oder einer Schale wächst ein ganzer Garten. Du kannst alles hineintun, was dir Spaß macht: einen Wald aus Kresse, winzig kleine echte Bäumchen, blühende Büsche, Wege aus Sand und Gebirge aus Steinen. Ein Garten zum Spazierengehen und Träumen – in der Phantasie!
Wenn du Pflanzen für diesen kleinen Garten haben möchtest, fragst du nach solchen, die im Steingarten wachsen. Sie bleiben klein und buschig. Wenn du Kresse oder Wildpflanzen nimmst, kommst du ab und zu nicht um eine Rodung herum: Die Kresse wird abgeschnitten und kommt aufs Butterbrot; was sonst noch zu groß geraten ist, kriegt einen eigenen Blumentopf.
Auf einem Fensterbrett, das vom späten Vormittag bis nachmittags von der Sonne beschienen wird, gedeihen fast alle Pflanzen. Wenn dein Fenster nach Norden zeigt und wenig Sonne abbekommt, mußt du ganz bestimmte Blumen auswählen: solche, die einst in schattigen Wäldern zu Hause waren, die ihre Blüten am liebsten in der sanften Halbdämmerung zwischen hohen Bäumen entfalten, wie Usambaraveilchen, Farn und die Königsbegonie. An deinem Nordfenster ist das Licht fast wie im Wald. Welche Pflanzen noch dort gedeihen, steht immer direkt bei den Anleitungen zum Pflanzen und Pflegen.

Minigewächshaus fürs Fensterbrett

Von einem Gewächshaus träumen viele Gärtner. Der Gärtner ohne Land kann sich den Traum leicht erfüllen: Ein Gewächshaus, so klein, daß es auf jedes Fensterbrett paßt und doch geräumig genug ist als Kinderstube für alle Balkonpflanzen des Sommers, kannst du kaufen oder selbst basteln.

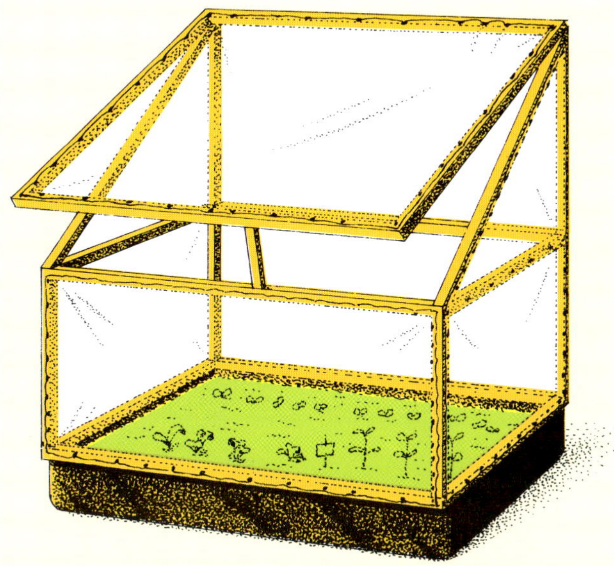

So bastelt man ein Minigewächshaus
Ein selbstgemachtes Häuschen kann aus einem Holzgerüst bestehen, das du aus dünnen Latten und Holzleim zusammenklebst und mit einer durchsichtigen Folie beziehst. Die Folie sollte dicker sein als gewöhnliche Haushaltsfolie, damit sie nicht reißt. Das Unterteil soll aus einer wasserdichten Wanne bestehen, gerade so breit, daß sie auf dein Fensterbrett paßt. Das kann zum Beispiel ein altes Backblech mit hohem Rand sein.

Besonders hübsch sind Minigewächshäuser aus Holz mit richtigen Glasscheiben. Solche Gewächshäuser gibt es zu kaufen. Ob Folie oder Glas – die Pflanzen wachsen in beiden gleich gut. Auch wenn es draußen noch schneit, wird es in deinem Gewächshaus schon spannend: Die ersten Erdbeeren keimen, die Gurken entfalten ihre großen Blätter, Tomatenkeimlinge spitzen aus den Anzuchttöpfen. Die Jungpflanzen mögen besonders die feuchte Luft im kleinen Gewächshaus. Wenn sie größer sind, kannst du sie nach und nach ausquartieren und Platz machen für die Anzucht von Sommerblumen.
Wenn das Gewächshaus einen geschützten, vor Regen sicheren Platz bekommt, kann es im Sommer auch draußen stehen – als Kinderstube für Ableger und Stecklinge oder für Kakteen.

Gartengeräte aus der Küche

Schaufeln, Hacken und Rechen brauchst du nicht für deine Blumentöpfe und Kästen. Du kannst ausgediente Sachen aus der Küche nehmen:

- Ein alter Blechlöffel ist eine fabelhafte Pflanzschaufel. Er wird gebraucht, um Erde einzufüllen oder kleine Pflänzchen einzusetzen.
- Ein eigenes Messer sollte der Gärtner ohne Land unbedingt haben. Es hilft bei der Ernte von Schnittsalat, beim Abschneiden von verwelkten Blättern und von überzähligen Trieben. Das Messer sollte gut schneiden, muß aber nicht spitz sein.

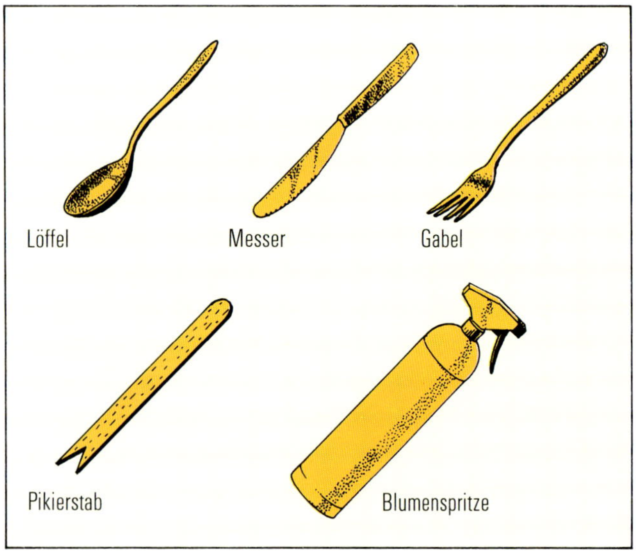

Geräte für den Balkongärtner

- Zum Umpflanzen von kleinen Sämlingen – man nennt das „pikieren“ – kannst du dir ein Pikierhölzchen selbst basteln. Bei einem Eisstäbchen aus Holz wird aus dem einen Ende ein Dreieck herausgeschnitten – fertig. Mit diesem Hölzchen kannst du die kleine Pflanze vorsichtig aus der Erde herauslösen. Der Stiel bleibt dabei in dem dreieckigen Ausschnitt und kann so nicht verletzt werden.
- Eine alte Gabel ist gut, um hart gewordene Erde aufzulockern.
- Eine Blumenspritze wird zum Anfeuchten von Erde nach dem Säen gebraucht. Man kann sie auch mit Schmierseifenlösung füllen, wenn zu viele Blattläuse da sind. Wie das gemacht wird, steht im Abschnitt „Mittel gegen Mit-Esser“ auf Seite 106. Statt einer Blumenspritze kannst du auch ein leeres Sprühgefäß nehmen, in dem vorher Fensterputzmittel war. Es muß nur sauber ausgewaschen werden.

Töpfe und Gefäße, in denen sich Pflanzen wohl fühlen

Blumentöpfe gibt es aus Kunststoff und aus Ton. In Tontöpfen fühlen sich Pflanzen am wohlsten. Diese Töpfe haben Poren, aus denen Wasser verdunsten und durch die die Erde atmen kann. Einmal zuviel gießen ist bei einem Tontopf nicht so schlimm. Ganz neue Tontöpfe und solche, die schon lange unbenützt herumgelegen sind, müssen zuerst baden. Lege sie mindestens drei Stunden lang in einen Eimer mit Wasser. Der Tontopf saugt das Wasser auf wie ein Schwamm. Wenn er nicht baden darf, saugt er später jedes Gramm Wasser aus der Pflanzerde, und die eingetopfte Pflanze verdurstet.
Tontöpfe, die schon ein bißchen älter sind, haben außen oft eine weiße Kruste. Das ist Kalk aus dem Gießwasser, der sich dort abgesetzt hat. Das schadet den Pflanzen nicht. Aber die Erde kann besser atmen, wenn der Topf saubergekratzt wird. Dazu nimmst du am besten einen Topfkratzer oder eine sehr harte Bürste.
In Blumentöpfen aus Plastik kann die Erde nicht so gut atmen. Wenn die Sonne auf die schwarzen Töpfe scheint, bekommen die Pflanzen im Sommer ganz schön heiße Füße. Viele Gewächse

mögen das gar nicht. Wenn es also um normale Blumentöpfe geht, sind die aus Ton besser.
Riesige Tonkübel aber kannst du sicher nicht auf jeden Balkon stellen, das hält der Balkon nicht aus. Für große Pflanzen, die viel Erde um ihre Wurzeln brauchen, geht deshalb ausnahmsweise auch ein großer Topf aus Kunststoff oder ein Plastikeimer. Die schwarzen Eimer aus dem Baumarkt sind unten schön breit und fallen nicht um. Mit einem Messer oder einem Handbohrer müssen Löcher in den Boden gemacht werden, damit überflüssiges Gießwasser ablaufen kann.
Gefäße zum Säen und Pflanzen mußt du aber nicht unbedingt kaufen. Du kannst alle möglichen Schalen, Becher, Dosen und Kisten nehmen, die sonst vielleicht weggeworfen würden: Holzkistchen vom Lebensmittelhändler oder Supermarkt zum Beispiel, in denen vorher Gemüse war. Viele Geschäfte sind froh, wenn sie die Kisten loswerden. Lege sie dick mit Zeitungspapier, mit sauberen Lappen oder mit einem alten Sack aus, damit die Erde nicht herausfällt.
Feste Pappe, stabile Schachteln oder 10 Zentimeter lange Stücke von Papprollen geben auch gute Pflanzgefäße ab. Sie halten einen Sommer lang.
In den meisten Küchen gibt es Becher aus Plastik. Vorher war da Quark drin, Sahne oder Joghurt. In solchen Bechern aber kann die Erde nicht atmen. Außerdem sollte man möglichst wenige Lebensmittel in solchen Verpackungen kaufen, denn sie sind eine Belastung für unsere Umwelt: Wenn so ein Joghurtbecher auf die Mülldeponie kommt – dann liegt er dort 20 000 Jahre, bevor er verrottet ist! Von der alten Pappschachtel dagegen siehst du schon nach ein paar Monaten nichts mehr.
Beim Gießen kann schon einmal Wasser daneben gehen. Deshalb muß jeder Topf einen Untersetzer oder einen Übertopf bekommen. Das Wasser soll schließlich weder an der Tapete herunterlaufen noch der Nachbarin unter euch auf den Kopf tropfen. Schön sind Untersetzer aus glasiertem Ton. Aber ein alter Teller mit hohem Rand tut es auch. Als Übertopf kannst du auch angeschlagenes Geschirr nehmen, das zu schade ist zum Wegwerfen. Becher und Tassen, Schalen oder eine alte Suppenschüssel können als Übertöpfe sehr lustig aussehen.
Balkonkästen gibt es in verschiedenen Größen. Je breiter und tiefer sie sind, desto mehr Erde geht hinein, und desto besser gedeihen die Pflanzen. Balkonkästen aus imprägniertem Holz sind besonders schön, aber leider teuer. Vielleicht findest du auf dem Dachboden noch eine Wanne aus Metall oder einen alten Balkonkasten aus Ton. Sonst bleibt nur Plastik, aber neuerdings gibt es auch Balkonkästen aus Recycling-Plastik.

Pflanzgefäße für den Balkongärtner

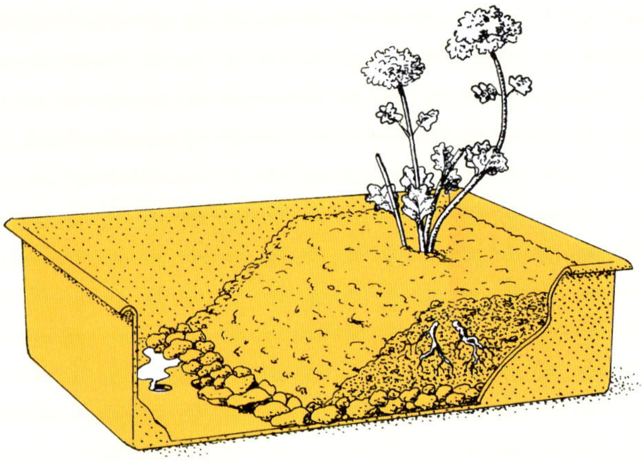

Balkonkasten
So wird ein Balkonkasten zum gemütlichen Heim für Pflanzen: In den Boden oder knapp darüber an der Seitenwand wird ein Abzugsloch für Regenwasser gebohrt. Das ist wichtig! Wenn Pflanzen ein unfreiwilliges Fußbad nehmen, faulen ihre Wurzeln. Das Abzugsloch wird mit einer Tonscherbe oder einem flachen Stein bedeckt. Auf den Boden des Kastens kommt eine zwei Finger hohe Schicht Kies. Hier läuft das Gießwasser hin, wenn du aus Versehen zuviel gegossen hast. Auf den Kies kommt die Pflanzerde. Der Balkonkasten wird nur bis einen Fingerbreit unter den oberen Rand gefüllt. So bleibt oben ein Gießrand stehen, und das Wasser schwappt nicht über den Rand des Kastens, sondern kann langsam von der Erde aufgesogen werden.

Für diese Kästen wurden Kunststoffabfälle gesammelt, wieder eingeschmolzen und zu neuen Gegenständen geformt. Recycling-Blumenkästen haben dickere Wände, sind besonders haltbar und nicht teuer.

Erde für die Topfkultur

Blumenerde – sie heißt auch Einheitserde – gibt es für wenig Geld zu kaufen. Normale Blumenerde enthält aber leider viel Torf, und wenn Torf abgebaut wird, werden Moore zerstört, und mit ihnen die Heimat von vielen seltenen Tieren und Pflanzen.

Deshalb ist es besser, Erde ohne Torf zu kaufen. Es gibt solche Erde: Statt Torf enthält sie Rindenhumus – also gemahlene, verrottete Baumrinde. Das steht auch auf dem Etikett. Leider ist sie nicht überall zu haben. Wenn du die Rindenerde nicht bekommen kannst, mußt du normale Blumenerde nehmen. Erde aus dem Garten geht nicht: Sie wird im Blumentopf hart und rissig, denn die Bodenlebewesen, die im Garten die Erde locker und krümelig machen, sterben im Blumentopf rasch. Sie bekommen kein Futter mehr und haben nicht genug Platz. Deshalb wird Gartenerde im Topf steinhart.

Außerdem ist Gartenerde schwerer als die Blumenerde aus der Tüte. Deshalb ist sie auch für einen großen Kübel oder Balkonkasten nicht besonders günstig.

Die Kompostecke auf dem Balkon

Gute Erde für deinen Balkon-Garten kannst du ganz leicht selbst machen. Du brauchst nur etwas Geduld, einen Eimer und Kompoststarter aus dem Gartenfachgeschäft. Das ist ein Pulver, das aus getrockneten Bakterien und winzig kleinen Pilzen besteht. In der Packung halten sie einen Trockenschlaf. Sobald sie aber Wasser spüren, werden die kleinen Lebewesen munter und machen aus Pflanzenabfällen gute Komposterde – so wie die Bodenlebewesen im Komposthaufen im Garten.

Flüssignahrung für Pflanzen im Topf

Gekaufter Blumenerde wurde ein kleiner Vorrat an Dünger zugesetzt. Der reicht aber nicht lange. Alle Pflanzen, die in Töpfen und Kästen wachsen, brauchen deshalb regelmäßig Futternachschub. Sie haben ja um ihre Wurzeln herum viel weniger Erde, der sie Nährstoffe entziehen könnten, als Gartenpflanzen. Außerdem gibt es in der gekauften Blumenerde auch keine Bodenlebewesen, die der Pflanze ihre Nahrung vorkauen könnten. Sie muß deshalb Flüssignahrung bekommen, und zwar vom Frühling bis zum Herbst regelmäßig einmal pro Woche. Setze einen ganz bestimmten Wochentag fest, an dem du immer düngst. Flüssigen Dünger gibt es im Gartenfachgeschäft zu kaufen. Am besten nimmst du einen biologischen Dünger; das steht auf dem Etikett. Diese Dünger

So wird Kompost für den Balkon angesetzt

In den Eimer kommt ganz unten einen Fingerbreit alte Blumentopferde. Darauf darf eine dreimal so dicke Schicht Pflanzenreste. Alles Verblühte und Verwelkte kannst du in den Eimer werfen. Schneide die Pflanzenreste klein, damit sie schneller verrotten. Kranke Pflanzen und die Erde aus ihren Blumentöpfen dürfen nicht in den Komposteimer, weil sich sonst Krankheiten übertragen könnten. Die Pflanzenreste werden mit dem Kompoststarter dünn überpudert. Als Abdeckung streust du wieder etwas alte Blumentopferde in den Eimer. Dann kommen wieder Pflanzenreste. So wird der Balkon-Kompost Lage für Lage aufgebaut wie eine Schichttorte. Die letzte Schicht ist alte Erde.

Ein sanfter Guß aus der Gießkanne einmal pro Woche genügt im Sommer. So werden die Pflanzenreste feucht genug, um zu verrotten. Der Komposteimer darf aber nicht zu naß werden, damit nichts fault und stinkt. Deshalb sollte der Eimer vor Regen geschützt stehen. Ist kein Dach über dem Balkon, braucht er bei Regenwetter einen Deckel. Scheint die Sonne, dann muß der Deckel abgenommen werden, damit Luft an die Pflanzenreste kommt.

Wenn du alles richtig gemacht hast, dann kannst du nach rund fünf Monaten eigene Komposterde aus dem Eimer schaufeln und unter die gekaufte Blumenerde für Töpfe und Kästen mischen.

So wird Dünger angerührt

sind dunkelbraun, dick wie Sirup und riechen stark. Sie bestehen aus reinen Naturstoffen. Das können Pflanzenreste sein oder Guano, der trockene Mist von Seevögeln.
Nimm von diesen flüssigen Düngern immer nur so viel, wie auf dem Etikett steht. Das ist meistens nur ein Spritzer pro Liter Düngewasser. Mehr brauchen deine Pflanzen nicht. Praktisch ist eine Gießkanne, auf der außen die Liter markiert sind. Du kannst das Wasser auch mit einer alten Literflasche oder mit dem Meßbecher aus der Küche abmessen. Erst kommt das Wasser in die Gießkanne, dann der Dünger, dann wird mit einem alten Stock umgerührt. Der Geruch des biologischen Düngers verfliegt gleich nach dem Gießen.
Düngewasser darfst du nie auf völlig ausgedörrte Erde bringen. Dünger ist für die Wurzeln wie Essen: Sie bringen keinen Bissen herunter, wenn sie starken Durst haben. Wenn die Erde im Blumentopf also total trocken ist, dann gieße zuerst mit etwas klarem Wasser und danach mit der Düngeflüssigkeit.
Du kannst zum Düngen auch selbstgemachte Pflanzenjauche nehmen. Wie sie gemacht wird, haben wir auf Seite 35 beschrieben. Leider stinkt der Jaucheeimer ein wenig. Aber vielleicht kann er in der Garage stehen oder im Keller, wo der Geruch niemanden stört.
Neben den biologischen Düngern gibt es auch flüssige Kunstdünger. Sie riechen nicht und sind klar wie Wasser. Sie bestehen aus Mineralsalzen, die in Wasser aufgelöst wurden. Wenn du zuviel davon nimmst, können die Wurzeln deiner Pflanzen verbrennen – so wie Salz brennt, wenn es in eine Wunde gerät. Mit biologischen Düngern kann dies nicht passieren.

Wasser zum Gießen

Reste von schwarzem Tee oder Kräutertee und Wasser, das vom Kaffeekochen übriggeblieben ist, mögen alle Pflanzen gern. Natürlich muß es abgekühlt sein. Durch das Kochen wird der Kalk im Wasser ausgeschieden. Du kannst das an den weißen Kalkresten im Teekessel beobachten. Wasser ohne Kalk mögen Balkon- und Zimmerpflanzen am liebsten. Wenn du nur normales Leitungswasser zum Gießen hast, dann fülle es in die Gießkanne und laß es mindestens einen Tag stehen. Der Kalk wird sich dann unten absetzen. Manchmal kannst du das sehen: Die zarten Kalkflocken schweben ganz unten in der Gießkanne. Wenn du vorsichtig gießt, bleiben sie in der Kanne zurück. Und den letzten Rest Wasser mitsamt den Kalkflocken kippst du in den Ausguß.

Mittel gegen Mitesser

Blattläuse, Weiße Fliegen und Spinnmilben können sich schon mal auf deinen Balkon verirren. Wenn es nur ganz wenige sind, kannst du sie mit den Fingern abstreifen und zerdrücken. Manchmal vermehren sich diese Mitesser aber sehr schnell. Das geschieht vor allem dann, wenn die Pflanzen zu wenig Wasser bekommen haben oder lange nicht gedüngt worden sind, wenn es wochenlang auf den Balkon geregnet hat oder ein sehr starker Wind ging. Wenn die kleinen Tierchen zur Plage werden, kannst du sie mit ungiftigen, natürlichen Mitteln abwehren, die dir nicht schaden und auch den Bienen und den Schmetterlingen nicht.
Fülle deine Blumenspritze mit lauwarmem Wasser und gib eine Messerspitze Schmierseife hinein. Gut schütteln, damit sie sich auflöst. Mit diesem Schmierseifenwasser werden die Pflanzen an drei Tagen hintereinander besprüht. Die Schmierseife verdirbt den kleinen Saugern den Appetit an deinen Pflanzen, denn wer beißt schon gern in Seife?
Aus Zwiebelschalen kannst du ein gutes Mittel gegen Spinnmilben machen. Es macht die Pflanzen auch stark gegen Pilzkrankheiten wie den Mehltau, der Blätter und Stiele mit einem weißen Schimmelbelag überzieht, oder die Blattfleckenkrankheit, bei der sich die Blätter plötzlich einrollen und welken.
Du brauchst 30 Gramm Zwiebelschalen auf einen Liter Wasser. Wiege die Zwiebelschalen lieber ab, denn sie sind sehr leicht, und 30 Gramm davon ist eine Menge! Die Zwiebelschalen werden sieben Tage lang in eine Porzellanschüssel oder einen Steinguttopf mit einem Liter kaltem Wasser gelegt. Danach werden die Schalen abgesiebt. Dieses Zwiebelschalen-Wasser sprühst du wieder an drei Tagen hintereinander.

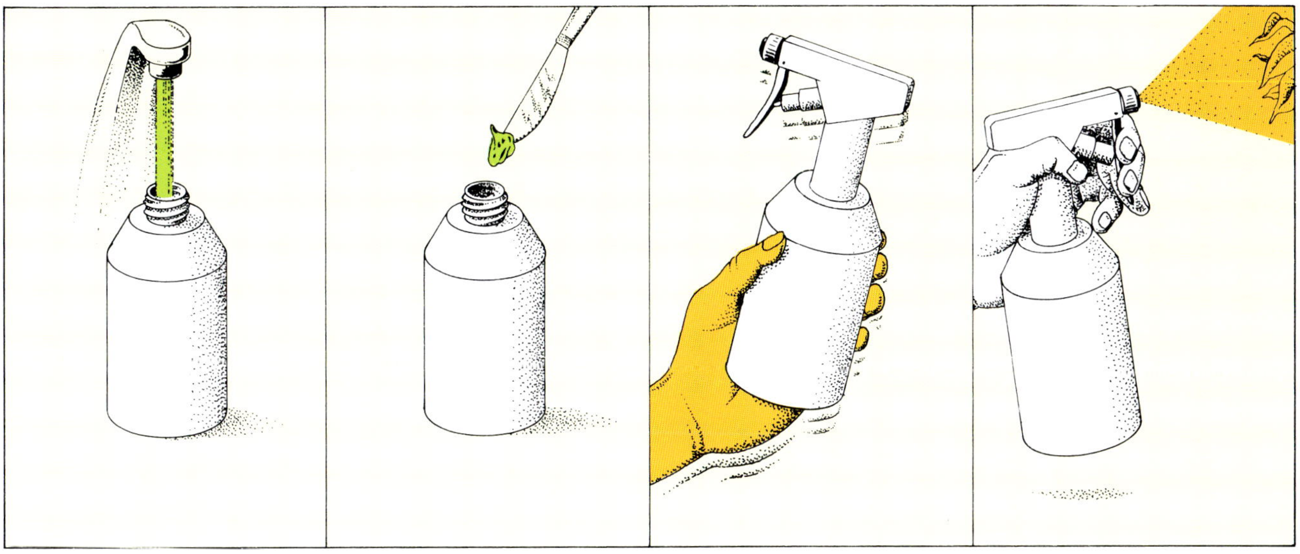

Eine Blumenspritze mit Schmierseife hilft gegen Mitesser

Vorsicht – Nachtfrost!

Töpfe, Kübel, Kästen, Erde, Dünger – jetzt hast du alles beisammen, was du für deinen Fenster-Garten und deine Balkon-Gärtnerei brauchst. Im Frühling geht es los. Wann welche Pflanze gesät oder ausgepflanzt wird, steht immer bei der Pflanzanleitung auf dem Samentütchen.

Bis Ende Mai kann es nachts noch sehr kalt sein. Das Thermometer fällt unter 0 Grad – es hat Nachtfrost. Meistens wird der Nachtfrost im Wetterbericht vorhergesagt. Dann deckst du empfindliche Pflanzen abends dick mit Zeitungspapier oder einer alten Strohmatte ab. Vorsicht, damit nichts abknickt! Am nächsten Morgen nimmst du die warme Decke wieder herunter. Der Fensterbrett-Gärtner hat es noch einfacher: Er holt die Töpfe und Kästen nachts einfach ins Zimmer. Ab Ende Mai darf alles draußen bleiben.

Samen oder Jungpflanzen – das ist die Frage

Nicht alle Gartenpflanzen gedeihen in Töpfen und Kästen. Es gibt dafür spezielle Sorten. Sie brauchen weniger Erde und sind mit weniger Platz für ihre Wurzeln zufrieden. Wenn du Samen kaufst, kannst du auf der Tüte nachlesen, ob die Tomate, die Erdbeere oder der Salat auch auf dem Balkon gedeihen.

Hast du wenige Töpfe zu bepflanzen, lohnt es sich nicht, eine Tüte mit Dutzenden von Tomaten- oder Paprikasamen zu kaufen. Dann sind Jungpflanzen aus der Gärtnerei besser. Frage den Gärtner, welche Sorte du nehmen sollst, damit sie im Topf auch wirklich gedeiht.

Auch Kräuter und Blumen gibt es oft als Jungpflanzen zu kaufen. Wenn du noch wenig Erfahrung hast, kannst du es erst einmal mit solchen Pflänzchen versuchen. Im nächsten Sommer traust du dich sicher auch daran, das eine oder andere aus Samen anzuziehen.

Aber jetzt mußt du dir erst einmal überlegen, was auf deinem Balkon oder Fensterbrett wachsen soll: Tomaten oder Erdbeeren, Blumen oder Kräuter, oder von allem etwas? Oder magst du lieber geheimnisvolle Pflanzen, die nicht jeder hat?

Lauter gute Sachen aus Töpfen und Kästen

Du kannst einen ganzen Gemüsegarten auf dem Balkon anlegen: Tomaten und Paprika, Gurken und Radieschen, Bohnen und Salat wachsen fabelhaft in Töpfen und Kästen. Alle Gemüse brauchen einen Platz an der Sonne, damit sie Licht und Wärme tanken können.

Tomaten: Du brauchst Samen von Balkon-, Cocktail- oder Kirschtomaten. Auch eine Sorte mit mittelgroßen Früchten eignet sich. Ausgesät

Die Anzucht von Balkontomaten

wird Mitte März. Eine Saatschale wird mit Erde gefüllt und eine 2 Zentimeter tiefe Rille gezogen. Da hinein kommen die Samen, alle zwei Zentimeter einer. Die Rille wird vorsichtig mit Erde zugedeckt und mit Wasser aus der Blumenspritze befeuchtet.

Wenn die Tomaten vier Blättchen haben – zwei Keimblättchen und zwei richtige Blätter – wird zum erstenmal pikiert, das heißt umgepflanzt. Mit dem Pikierhölzchen holst du den Keimling vorsichtig aus der Erde und setzt ihn in einen kleinen Blumentopf mit 5 Zentimeter Durchmesser. Er wird so tief in die Erde gesetzt, daß die Erde bis an die Keimblätter heranreicht. Anschließend vorsichtig gießen.

Die Tomaten müssen immer hell und warm im Zimmer auf dem Fensterbrett stehen. Dann wächst die Pflanze sehr schnell. Wenn sie so hoch ist wie deine Hand, wird sie zum zweitenmal pikiert. Du nimmst einen doppelt so großen Blumentopf, holst die Tomatenpflanze samt Wurzelballen heraus und pflanzt sie um. Rundherum wird mit Erde aufgefüllt und wieder gegossen.

Wenn es draußen wärmer wird, darf die Tomate über Mittag für ein paar Stunden an die frische Luft. Vergiß nicht, sie abends wieder hereinzuholen – sie mag keine Kälte!

Mitte bis Ende Mai ist es dann soweit: Die Tomate wird in einen großen Kübel, einen Eimer oder einen Blumentopf mit mindestens 30 Zentimeter Durchmesser gepflanzt. Dann steckst du einen festen Stab in den Pflanztopf und bindest die Tomate fest. Jetzt darf sie ins Freie, an einen sonnigen Platz auf dem Balkon oder außen auf das Fensterbrett.

In den Blattachseln der Tomate entstehen laufend neue Triebe. Wenn du sie wachsen läßt, nehmen sie der Pflanze zuviel Kraft. Deshalb mußt du sie einmal pro Woche mit den Fingernägeln abknipsen. Wenn die Pflanze größer wird, bindest du sie immer wieder neu an dem Stab fest, damit sie nicht umknickt. Im Juni zeigen sich die ersten kleinen grünen Früchte, und im August ist es dann soweit – Tomatenernte!

Erdbeeren: Erdbeerzeit ist am Fensterbrett vom Juli bis zum September. Am besten nimmst du Monatserdbeeren, die sich aus Samen anziehen lassen. Monatserdbeeren duften nach Wald und Sommer, bilden unermüdlich kleine weiße Blüten und längliche, zartrote Beeren.

Ein Balkonkasten, ein Blumentopf, ein altes Faß oder ein Tongefäß – Erdbeeren gedeihen überall. Besonders süß werden die köstlichen Beeren, wenn sie in der Sonne stehen. Weil Erdbeeren eigentlich im Wald zu Hause sind, geben sie sich aber auch mit einem Plätzchen im Halbschatten zufrieden. Die runden Büsche der Monatserdbeeren sehen lustig aus und blühen unentwegt. Den ganzen Sommer lang kannst du immer wie-

Erdbeerfaß und Erdbeerbäumchen

Aus einem alten Holzfaß wird eine Erdbeerfarm. Du kannst dir dabei von einem geschickten Bastler helfen lassen. In das Faß werden rundum drei Reihen Löcher von 3 Zentimeter Durchmesser gebohrt. Jedes Loch soll vom nächsten 10 Zentimeter Abstand haben. In die Mitte des Fasses wird ein dickes Rohr gestellt und mit Kies gefüllt. Um das Rohr herum wird vorsichtig Erde eingefüllt, bis die erste Reihe der Bohrlöcher erreicht ist. Schiebe jetzt von außen vorsichtig durch jedes Bohrloch eine Pflanze, mit den Wurzeln voran. Fülle noch mehr Erde ein, bis zur nächsten Lochreihe. So geht es weiter, bis das Faß ganz voll Erde ist und in jedem Bohrloch eine Pflanze steckt. Am Schluß wird das Rohr aus dem Faß gezogen. Der Kies bleibt drin – er leitet jetzt das Gießwasser zu den Erdbeerpflanzen.

Es gibt auch große, bauchige Tongefäße mit Pflanztaschen für Erdbeeren. Sie sind nicht billig, aber leichter zu bepflanzen als das Holzfaß.

Für ein Erdbeerbäumchen im Blumentopf brauchst du einen Tontopf mit 20 Zentimeter Durchmesser und dazu drei Spaliererdbeer-Jungpflanzen. Sie werden in den mit Blumenerde gefüllten Topf gepflanzt. Jede bekommt einen Stab als Kletterhilfe. Binde die drei Stäbe oben zusammen wie ein Indianerwigwam. Immer wenn die Erdbeere eine Handbreit gewachsen ist, wird sie neu an ihrem Stab festgebunden. In kurzer Zeit hast du ein blühendes Erdbeerbäumchen. Es darf ab April im Freien stehen.

Richtig graziös wirkt das dicke Faß, wenn es von Erdbeeren umrankt wird. Es blüht, duftet und trägt aromatische Erdbeeren bis in den Herbst hinein.

der fingerhutgroße, aromatische Beeren ernten. Spalier- oder Klettererdbeeren haben einen Drang zu Höherem: Sie brauchen ein Klettergerüst, an dem sie beim Wachsen festgebunden werden. Normale Gartenerdbeeren eignen sich nicht für den Balkon. Im Blumentopf wird es ihnen bald zu eng.

Jungpflanzen von Monats- oder Spaliererdbeeren gibt es nicht überall zu kaufen. Balkongärtner mit „grünem Daumen" ziehen die Jungpflanzen aber ganz einfach selbst aus Samen, den man kaufen kann. Damit muß man schon im Februar/März beginnen. Du brauchst dazu einen Kasten mit Anzuchterde. Die winzig kleinen Erdbeersamen werden vorsichtig und dünn auf die Erde gestreut. Weil sie so fein und zart sind, dürfen sie nur eine sehr dünne Schicht Erde als Abdeckung bekommen. Nimm ein großes Haarsieb aus der Küche – es wird später wieder ganz sauber, Ehrenwort! – und schütte etwas Erde hinein. Rühre mit einem alten Blechlöffel oder einem Holzkochlöffel in der Erde und führe das Sieb dabei langsam über den ganzen Anzuchtkasten, bis die Erdbeersamen mit einer hauchdünnen Schicht Erde bedeckt sind. Diese Schicht wird sehr vorsichtig mit der Blumenspritze angefeuchtet.

Lege eine Glasscheibe oder ein Stück durchsichtige Plastikfolie über den Anzuchtkasten, damit deine Erdbeerplantage feucht bleibt.

Die Samen keimen und bilden bald die ersten richtigen Erdbeerblätter. Jetzt brauchen die jungen Pflanzen mehr Platz. Mit einem Pikierstäbchen hebst du jedes einzelne vorsichtig aus dem Anzuchtkasten und pflanzt es in kleine Tontöpfchen. Im April sind die Pflanzen so groß und stark, daß sie in ihr richtiges Pflanzgefäß dürfen.

Kräuter: Ein duftendes Kräutergärtchen hat auch auf dem schmalsten Fenstersims Platz. Bei Liebstöckel, Zitronenmelisse und Schnittlauch verwelken die Blätter im Herbst. Wirf den Wurzelballen nicht weg. Laß ihn draußen stehen und gib ihm ab und zu ein wenig Wasser. Beim ersten Sonnenstrahl im Frühling spitzen die ersten Blättchen zart und hellgrün aus dem Blumentopf.

Einjährige Kräuter

Dill, Borretsch und Petersilie werden alle auf die gleiche Art gesät: Fülle eine Anzuchtkiste, zum Beispiel eine alte Gemüsekiste, mit Erde und streue vorsichtig und dünn die Samen darüber. Darauf kommt eine Schicht Erde, nicht dicker als 1 Zentimeter. Mit der Blumenspritze feuchtest du die Erde an. Sie muß immer feucht gehalten werden, bis die Samen keimen.

Der Borretsch ist der schnellste. Die dicken, rauhen Blätter spitzen schon nach wenigen Tagen aus der Erde. Dann kommt der Dill. Er wird geerntet, wenn er handhoch ist. Dann kannst du neue Samen ausstreuen, damit du immer frischen Dill hast. Wenn du Dillsamen für das nächste Jahr haben möchtest, läßt du eine oder zwei Pflanzen groß werden und blühen. Sie bilden goldgelbe Dolden, die später Samen ansetzen. Wenn sie braun sind, kannst du die Dolden abschneiden und auf einem Stück Papier trocknen. Bei der Petersilie mußt du Geduld haben. Sie braucht lange, um zu keimen. Dafür kannst du den ganzen Sommer über Petersilie schneiden.

Basilikum, Bohnenkraut und Majoran brauchen Licht zum Keimen. Ihre Samen werden deshalb nur ganz fein mit Erde übersiebt. Lege eine Glasscheibe oder ein Stück durchsichtige Folie über die Anzuchtkiste. Sie darf die Erde nicht berühren. Die Kiste wird an einem hellen Fensterbrett im warmen Zimmer aufgestellt. Wenn die Pflänzchen daumenhoch sind, kannst du sie vorsichtig büschelweise herausnehmen und in einen Blumentopf oder einen Kasten mit Erde einpflanzen. Geerntet wird kurz bevor die Kräuter blühen.

Ausdauernde Kräuter

Liebstöckel, Schnittlauch und Zitronenmelisse werden getrennt in Blumentöpfe gesetzt. Wenn du anfangs immer nur wenige Blättchen erntest, werden diese Kräuter groß und kräftig. Schnittlauch darfst du nicht zu tief abschneiden, sonst stirbt er ab. Im nächsten Jahr brauchen diese Kräuter einen Topf, der eine Nummer größer ist. Sie müssen einmal pro Woche gedüngt werden und ausreichend Wasser bekommen.

Diese Kräuter nennt man „ausdauernd". Jedes von ihnen braucht einen eigenen Topf. Bei Zitronenmelisse und Liebstöckel kann er recht groß sein: Die beiden Kräuterarten wachsen zu stattlichen Büschen heran – auch wenn du den ganzen Sommer über Blätter erntest. Wenn du die gehackten Blätter vom Liebstöckel, der ja auch Maggikraut heißt, über die Suppe streust, schmeckt das toll und ist viel gesünder als flüssige Suppenwürze.
Petersilie, Dill, Basilikum, Borretsch, Majoran und Bohnenkraut sind „einjährige" Kräuter. Sie werden im Frühling gesät und sterben im Herbst ganz ab. Du kannst sie einzeln in Töpfe säen oder mit anderen Kräutern zusammen einen richtigen kleinen Kräutergarten in einer Schale oder einer Kiste anlegen.
Aus deinem duftenden Gärtchen kannst du viele Wochen lang so viele Kräuterblättchen herausschneiden, wie du für den Salat, aufs Brot oder auf die Pizza brauchst. Und wenn die Kräuter blühen, gibt es ein Bienenfest: Um die blauen Blüten des Borretschs, um die zierlichen gelben Dolden des Dills und um die winzigen kugeligen Blüten des Majorans werden die Bienen nur so summen und brummen.

Äpfel: Für die Apfelernte auf dem Balkon brauchst du keine Leiter. Nur einen großen Pflanzkübel. Da hinein kommt dein Apfelbäumchen. In der Baumschule gibt es Bäume zu kaufen, die auch auf dem Balkon blühen und Früchte tragen. Wenn sie im ersten Jahr nach dem Pflanzen nur zartgrüne Blätter herausschieben – Geduld! So ein kleiner Baum braucht viel Kraft, um Früchte wachsen zu lassen. Nächstes Jahr kannst du bestimmt ernten.

Avocado: Sie sieht aus wie eine Birne, ist dunkelgrün und köstlich. Und sie ist weit gereist, bis sie bei uns auf den Tisch kommt: Die Avocado ist die Frucht eines Steinobstbaumes, der in den Tropen gedeiht. Aus ihrem Kern kannst du einen richtigen Baum ziehen, der sogar blüht.
Das Fruchtfleisch wird so vorsichtig vom Kern gelöst, daß der Kern nicht verletzt wird. Wasche den Kern und lasse ihn einen Tag lang trocknen. Die braune Schale außenherum darf ruhig platzen. Jetzt wird der Kern mit der Spitze nach oben in einen Topf mit feuchter Erde gesteckt und bis zum Bauch eingegraben: Ein Drittel muß aus der Erde herausschauen. Es kann lange dauern, bis die Avocado keimt – Wochen oder Monate. In dieser Zeit darf der Kern nie austrocknen. Wenn du eine Plastiktüte mit Luftlöchern über den Topf stülpst, brauchst du nicht so oft zu gießen. Irgendwann ist der große Moment da: Der grüne Keimtrieb spaltet den Kern. Jetzt braucht dein künftiger Tropenbaum viel Licht. Stelle den Topf

Aus einem Avocadokern entsteht ein Bäumchen

auf ein sehr helles Fensterbrett. Hing der Kern im Wasserglas, darf er erst in Erde gepflanzt werden, wenn ein paar starke Wurzeln gewachsen sind.
Wenn die Avocadopflanze 20 Zentimeter hoch ist, kommt eine schwierige Sache: Du mußt die Pflanze dicht unter dem untersten Blattpaar abschneiden. Es sieht zwar merkwürdig aus, wenn nur noch ein kahler Stamm aus dem Blumentopf ragt. Aber keine Angst: Die Avocado bildet genau an der Schnittstelle zwei neue Zweige aus. Die werden, jeder für sich, später ebenso beschnitten – und so fort. Bei liebevoller Pflege hast du so in ein paar Jahren eine buschige Pflanze, die bis zu einem Meter hoch wird. Im Sommer darf dein Bäumchen ins Freie. Wenn es kälter wird, holst du es ins Haus und stellst es an ein helles Fensterbrett.

Dattel: Die klebrigen, zuckersüßen Datteln gibt es um die Weihnachtszeit in den Geschäften frisch zu kaufen. Das ist die beste Zeit, Datteln zu essen – und danach eine kleine Dattelpalme zu züchten. Kerne von frischen Datteln werden 1 Zentimeter tief in Erde gesteckt, immer drei in einen Blumentopf. Datteln brauchen warme Füße zum Keimen. Am besten keimen sie bei einer Zimmertemperatur von 21 Grad. Stelle den Topf neben die Heizung und lasse die Erde nie ganz austrocknen. Nach ein bis zwei Monaten spitzt das erste Blatt heraus. Es sieht aus wie Gras, ist dick und rauh. Jetzt braucht die Pflanze Licht. Sind mehrere Kerne gekeimt, setzt du sie in einzelne Töpfe. Das, was einmal aussah wie Gras, wird sich auffalten wie die Schwinge eines Vogels – der erste Palmwedel ist da. Gieße deine Dattelpalme vorsichtig und besprühe sie ab und zu sanft mit der Blumenspritze. Auch für etwas Dünger ist sie während der Sommermonate dankbar. Über Winter bleibt sie natürlich im Haus, denn Frost verträgt die Tropenpflanze nicht. Die Dattelpalme kann einen halben Meter hoch werden. Früchte trägt sie allerdings nicht, denn dazu bräuchte sie die Sonne Afrikas.

Ananas: Gibt es bei euch ab und zu frische, saftige Ananas zum Nachtisch? Dann hast du schon alles, was du für eine eigene Ananaspflanze brauchst. So eine Pflanze sieht toll aus, und kaufen kann man sie auch nirgends.
Die Ananas muß frische, grüne Blätter haben, sonst klappt die Anzucht nicht. Schneide an der Spitze den Blattschopf mit zwei Zentimetern Fruchtfleisch ab. Das ißt sowieso niemand, denn es ist ziemlich holzig. Kratze das Fruchtfleisch mit einem Löffel heraus. Der Ananasschopf muß drei Tage trocknen, damit er nicht fault. Dann werden mit einer Schere die äußeren Blätter weggeschnitten. Nur das Herz des Blattschopfs bleibt stehen. Pflanze die Ananas in einen Topf mit Blumenerde, die mit etwas Sand gemischt ist. Der Blattschopf darf nicht von Erde berührt werden.
Die Ananas braucht es hell und sehr warm: Auch nachts sollte ihr Topf nie abkühlen, sondern immer mindestens 10 Grad Wärme haben. Am besten stellst du ihn abends auf einen heruntergeschalteten Heizkörper. Wenn du Glück hast, bekommt der Ananasschopf Wurzeln und treibt neue Blätter aus. Dann hast du einen richtigen Exoten im Blumentopf gezüchtet!

Zitronen- und Orangenbäumchen: Einen Zitronenhain und einen Orangenwald suchst du bei uns vergebens. Diesen Pflanzen aus dem sonnigen Süden ist es in unseren Gärten viel zu kalt. Auf dem Fensterbrett oder in einer Balkonecke kannst du die subtropischen Pflanzen aber züchten. Woraus? Aus Abfällen! Aus den Kernen von Zitronen oder Orangen, die normalerweise weggeworfen werden. Die Kerne werden 1 Zentimeter tief in Blumenerde gesteckt. Am besten machst du das im Winter, denn dann kannst du den Blumentopf an die Heizung stellen. Die Sonnenkinder aus dem Süden brauchen nämlich viel Wärme zum Keimen. Wenn sich die ersten hellgrünen Keimspitzen zeigen, muß der Topf ans Fenster gestellt werden.
Ab Ende Mai dürfen die Töpfe mit den jungen Orangen- und Zitronenbäumchen ins Freie. Sie brauchen volle Sonne und einmal pro Woche einen Düngerguß. Im Winter muß dein Zitronenhain und der Orangenwald ins Zimmer, denn Frost vertragen die Pflanzen nicht. Eßbare Früchte trägt das Bäumchen nicht: Die kleinen Orangen

Eine Duftgeranie aus einem Steckling
Ein Steckling wird aus einem frischen, jungen Zweig geschnitten. Das unterste Blattpaar wird abgeschnitten. Jetzt hat der Steckling noch zwei Blattpaare. Stecke ihn in einen Blumentopf mit Erde, der du etwas Sand beigemischt hast. Damit du nicht dauernd gießen mußt, stülpst du eine durchsichtige Plastiktüte über den Topf und bindest sie fest. Sie darf den Steckling aber nicht berühren. Notfalls mußt du mit zwei Schaschlikstäbchen ein kleines Stützgerüst bauen. Trotz Plastiktüte mußt du ab und zu gießen. Stelle den Steckling auf ein helles Fensterbrett, aber nicht in die pralle Sonne.
Nach vier bis sechs Wochen kannst du die Plastiktüte abnehmen. Der Steckling hat jetzt Wurzeln bekommen. Im nächsten Jahr braucht er einen größeren Topf. Bis zum Herbst wird er einmal pro Woche flüssig gedüngt.

und Zitronen sind ziemlich bitter. Aber mit ihren dunkelgrünen, glänzenden Blättern sind die Bäumchen schöner als manche gekaufte Zimmerpflanze.

Pflanzen, die mit den Blättern duften

In den Bergen Südafrikas ist sie zu Hause, und sie verströmt Düfte, süß und geheimnisvoll wie ein orientalischer Basar: die Duftpelargonie oder Duftgeranie. Wenn du sanft mit den Fingern über die Blätter reibst, erfüllen sie das ganze Zimmer mit ihrem Geruch nach Zitronen und Muskat, nach Orangen und Limonen. Im Sommer blühen sie. Zart rosa und violett gestreift, sehen die kleinen Blüten fast wie Orchideen aus. Ein Fensterbrett genügt diesen anspruchslosen Gewächsen, über die jeder Besucher staunen wird. Wenn du einen Balkon zur Verfügung hast, können Duftgeranien im Sommer auch draußen stehen. Im Winter müssen sie im Zimmer bleiben, denn Frost vertragen sie gar nicht. Erst Ende Mai dürfen sie ins Freie.
Duftgeranien gibt es nicht in allen Blumengeschäften. Man kann sie aber in bestimmten Versandgärtnereien bestellen. Adressen findest du im Anhang. Wenn du Glück hast, schenkt dir jemand, der eine solche Pflanze hat, einen Steckling. Er wird in einen Blumentopf mit Blumenerde gesteckt und ab und zu mäßig gegossen. Wenn der Geraniensteckling Wurzeln bekommen hat, stellst du ihn in die Sonne – dann duften die Blätter besonders schön. Wer es mag, kann ein oder zwei Blättchen ganz fein hacken und über den Obstsalat streuen. Wir finden allerdings, daß Zitronenmelisse für diesen Zweck besser schmeckt.

Pflanzen, die sich bewegen

„Du bist empfindlich wie eine Mimose!" Weißt du, woher dieser Satz kommt? Von einer Pflanze mit zierlichen Fiederblättchen und rötlichen Blüten: Es ist die Mimose, die in den brasilianischen Urwäldern wuchert wie bei uns die Brennesseln. Die Mimose hat eine rätselhafte Fähigkeit: Wenn du sie leicht berührst, klappt sie ganz schnell alle ihre Blättchen zusammen. Läßt du sie dann in Ruhe, richten die Gelenkpolster die Fiederblättchen langsam wieder auf. Kein Wunder, daß die Mimose auch „Rührmichnichtan" heißt!
Eine Mimose kannst du leicht selbst aus Samen anziehen. Ihren Falt-Trick führt sie schon als ganz kleines Pflänzchen vor. Der Topf mit der Mimose möchte hell stehen, aber nicht in der prallen Sonne. Du kannst eine Mimose aber auch dann pflanzen, wenn dein Fenster wenig Sonne bekommt.

Mimose

Venusfliegenfalle

An einem etwas dunkleren Fenster gedeiht auch eine andere Pflanze, die sich bewegen kann: der Waldsauerklee. Bei einem Waldspaziergang kannst du etwas Waldsauerklee ausgraben und in einen Topf pflanzen. Nimm Walderde dazu, denn normale Blumenerde mögen diese zarten Gewächse nicht. Der Waldsauerklee bekommt im Frühling feine weiße Blüten. Wenn die Sonne untergeht, kannst du mit ein bißchen Geduld ein einmaliges Schauspiel beobachten: Der Sauerklee geht schlafen. Sorgfältig faltet er jedes einzelne Blütenblatt zusammen, so wie du am Abend deine Kleider. Beim ersten Sonnenstrahl klappt er die Blütensterne wieder auf.

Die Trichterwinde mit ihren blau, rosa und weiß gestreiften Blüten ist der Wetterfrosch im Blumentopf. Wenn Regen droht, rollt sie ihre Blüten säuberlich zusammen. Geduldig wartet sie auf besseres Wetter. Kaum scheint die Sonne, sind all ihre Blütenkelche in voller Pracht wieder geöffnet. Die Trichterwinde wird im Frühling direkt in den Blumentopf gesät und muß an einen sonnigen Platz auf dem Balkon oder auf dem Fensterbrett. Sie ist eine Kletterpflanze und braucht ein Gerüst, an dem sie sich festhalten kann. Das kann ein Spalier an der Balkonwand sein, also ein Gitter aus Stäben oder Hölzern. Du kannst aber auch einige feste Stäbe in den Blumentopf stecken und mit Schnüren verbinden. Auf dem Balkon rankt die Trichterwinde bis zu drei Meter in die Höhe. Sie blüht vom Sommer bis zum ersten Frost.

Pflanzen, die Fliegen fangen

Ein spannendes Erlebnis ist eine fleischfressende Pflanze auf dem Fensterbrett. Im Handumdrehen „frißt“ sie die Fliegen und Mücken in deinem Zimmer. Im Sommer darf sie auch auf dem Balkon stehen. Fleischfressende Pflanzen haben raffinierte Methoden zum Insektenfang entwickelt:

Der Sonnentau hat Drüsenhaare, die einen klebrigen Schleim absondern. Schnaken und Fliegen werden von diesem zähen Saft magnetisch angezogen. Kaum sitzt so ein Insekt auf dem Blatt, klebt es fest wie an einem Fliegenfänger. Dann schließt der Sonnentau das Fangblatt um seine Beute und verdaut sie.

Die Venusfliegenfalle hat kreisrunde, rosafarbene Blätter. Läßt sich eine Fliege nichtsahnend auf diesem verlockenden Polster nieder, schnappt die Falle blitzschnell zu: Die Blätter klappen zusammen, und das Tier wird aufgefressen.

Das Krugblatt und die Schlauchpflanze rollen Blätter zu Trichtern, die innen glattpoliert sind wie ein Spiegel. Will eine Fliege hier eine Ruhepause einlegen, saust sie wie auf einer Rutschbahn in den Schlund dieser Kanne hinunter. Dort bleibt sie im klebrigen Verdauungssaft der Kannenfalle hängen.

Fleischfressende Pflanzen sind im Moor zu Hause. Es gibt sie als Pflanze oder als eingetopfte Wurzelstücke zu kaufen. Stelle den Topf in einen Untersetzer, der mit Wasser gefüllt ist, denn die Moorpflanzen sind immer durstig. Sonne mögen sie sehr. Im Winter dürfen sie keinen Frost abkriegen. Dann stehen sie im Zimmer auf einem hellen Fensterbrett. Dünger brauchen sie nicht. Weil die Fleischfresser aber auch im Winter Hunger haben, kannst du sie mit einem kleinen Stückchen Käse, Hackfleisch oder mit etwas Eiweiß (vom weichen Ei) „füttern". Das mögen sie ebenso gern wie Fliegen. Einmal pro Woche Futter genügt. Gibst du zuviel, werden sie es gar nicht mehr annehmen: Die Pflanzen sind satt.

Pflanzen, die ganz ohne Erde wachsen

Frisches für den Salat und aufs Butterbrot wächst sogar mitten im Winter am Zimmerfenster. Dazu brauchen die bescheidenen Pflänzchen nicht einmal Erde. Ihr „Beet" ist ein Stück Küchenpapier auf einem Suppenteller.

Für saftige grüne Kresse wird eine dicke Lage Küchenpapier oder Löschpapier in einen Suppenteller gelegt und mit der Blumenspritze angefeuchtet. Darüber streust du die Kressesamen möglichst dünn. Morgens und abends werden die Kressesamen sanft mit der Blumenspritze übersprüht, damit sie schön feucht bleiben. Sie keimen schon am zweiten Tag. Im Wachsen hält die Kresse den absoluten Rekord: Sie schießt so schnell in die Höhe, daß du sie schon nach fünf Tagen abschneiden und auf dein Butterbrot legen kannst.

Senf wächst fast ebensoschnell. Du kannst ihn essen wie die Kresse, allerdings schmeckt er etwas schärfer. Weiche eine halbe Tasse der gelben Senfkörner einen Tag lang in kaltem Wasser ein. Dann werden die nassen Körner auf feuchtem Küchenpapier ausgebreitet. Ebenso wie die Kresse mußt du sie regelmäßig besprühen. Es dauert sieben bis acht Tage, dann kannst du den Senf ernten.

Den grünen Sojabohnen kannst du beim Keimen zuschauen. Schon vor fünftausend Jahren hat der chinesische Kaiser Seng-Nung seinem Volk Sojabohnensprossen verordnet. Erstens, weil sie gebraten oder als Salat gut schmecken. Und zweitens, weil sie auch sehr gesund sind. Im Keim sind nämlich schon alle Stoffe enthalten, die später für das Wachstum der Pflanze gebraucht werden. Es ist sozusagen eine Super-Kraftnahrung.

Eine Sojabohnenzucht im Einmachglas

Du brauchst ein Einmachglas, ein Gummiband und ein Stück alte Gardine oder Kunststoffgaze. In das Einmachglas kommen eine Tasse grüner Sojabohnen und vier Tassen Wasser. Lasse alles über Nacht stehen. Am nächsten Morgen sind die Bohnen schon doppelt so dick! Kippe sie in ein Sieb und spüle sie gründlich mit lauwarmem Wasser durch. Dann füllst du die Bohnen wieder in das Einmachglas zurück und bindest es mit Gardine und Gummiband zu. Stelle das Glas vorsichtig auf den Kopf, ein bißchen schräg, damit das restliche Wasser ablaufen kann. So bleibt es bis zum Abend stehen.

Was jetzt kommt, mußt du noch drei bis vier Tage wiederholen: Morgens und abends wird das Einmachglas mit lauwarmem Wasser gefüllt. Weil immer mehr von den kleinen, grünen Bohnen ihre Hülsen sprengen, schwimmen diese dann oben auf dem Wasser. Fische sie heraus und binde das Glas wieder zu. Jetzt wird es wieder auf den Kopf gestellt, etwas schräg, damit alles Wasser herauslaufen kann. Das muß sein, damit die Bohnen nicht faulen. Die Feuchtigkeit, die an den Bohnen haften bleibt, reicht zum Keimen völlig aus.

Die Bohnenkeimlinge wachsen in dem Einmachglas wie in einem Minitreibhaus. Und wie sie wachsen: Am fünften oder sechsten Tag hat sich aus jeder Bohne ein saftiger weißer Keimling herausgeschoben, und das Glas ist jetzt fast voll. Du kannst ernten! Die Bohnen werden in ein Sieb geschüttet, abgespült und die restlichen leeren Hülsen herausgesammelt. Die knackigen Sprossen schmecken ein wenig nach Nüssen und sind besonders gut, wenn sie unter den Salat gemischt oder in der Pfanne mit ein bißchen Fett kurz angebraten werden.

Blumen, leuchtend und bunt wie ein Farbkasten

Ein kleines Tütchen mit gemischten Samen genügt, und auf deinem Fensterbrett oder Balkon wird es einen Sommer lang bunt und üppig blühen. Kapuzinerkresse und Trichterwinde, Ringelblumen und Levkojen, Zinnien und die Schwarzäugige Susanne sind ganz leicht aus Samen heranzuziehen. Wenn du im Herbst von diesen einjährigen Sommerblumen Samen abnimmst, trocknest und in einem sauberen Schraubglas aufhebst, hast du dir die Blütenpracht für das nächste Jahr schon vorbereitet.

Für Fenster und Balkone, die nach Norden gehen und wenig Sonne bekommen, säst du am besten Wucherblume, Tagetes, Schleifenblume oder Lobelien in Töpfe oder Kästen. Blumen für die Topfkultur gibt es auch als Jungpflanzen oder schon blühend zu kaufen. Für Nordfenster nimmst du rote oder orangefarbene Knollenbegonien oder Fuchsien mit ihren weiß-roten Blütenampeln. Dazu passen gut blaue Lobelien oder blaue Gänse-

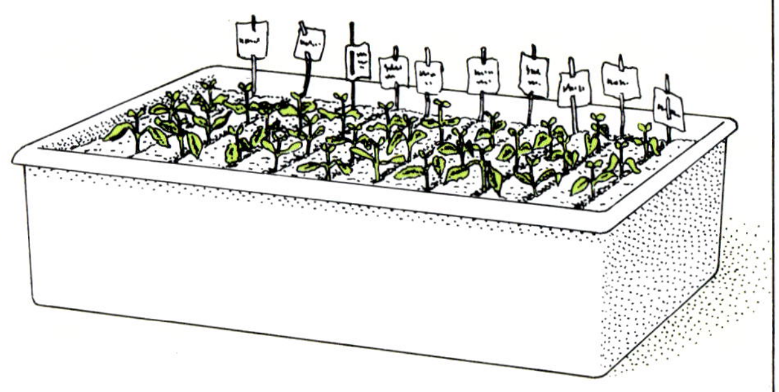

Einjährige Sommerblumen aus Samen

Eine Anzuchtkiste wird mit Erde gefüllt. Im Abstand von 3 Zentimetern ziehst du mit dem Finger oder einem Löffelstiel Rillen, die 1 bis 2 Zentimeter tief sind. Da hinein kommen jetzt alle Blumensamen, die du dir ausgesucht hast. Säe sie immer mit einem Abstand von mindestens 1 Zentimeter. Und male dir ein Schildchen für jede Saatreihe, damit du auch später noch weißt, was du gesät hast! Wenn die Samen doch einmal zu dicht in die Saatrille gepurzelt sind, kneifst du schwache Keimlinge, die zu eng stehen, einfach ab. Es nützt nichts, solche Pflänzchen aus Mitleid stehenzulassen: Sie behindern die starken am Wachsen und machen niemandem Freude.

Wenn die Pflanzen groß und stark sind, wenn sie ihre Keimblätter sowie ein bis zwei Blattpaare haben, kannst du sie verpflanzen. Entweder nimmst du für jede Sorte jeweils einen Blumentopf, oder du komponierst ein Blütenfest in einer Schale – aus selbstgezogenen Sommerblumen.

blümchen mit üppigen Blütenbüschen. Geranien brauchen den vollen Sonnenschein. Einen ganzen Balkonkasten mit diesen roten oder rosafarbenen, aufrechtstehenden oder hängenden Blumen zu bepflanzen, ist aber nicht ganz billig. Taschengeldpreise haben dagegen Petunien. Es gibt sie in Blau, Rot, Weiß oder unterschiedlich gestreift. Wenn die großen Blütentrichter verblühen und herunterhängen, mußt du sie abknipsen. Dann blühen die Petunien unermüdlich weiter bis in den Herbst. Gelbe Pantoffelblumen sind sehr hübsch, und geschickte Gärtner zaubern ganze Blütenbüsche davon. Eine Pantoffelblume sieht aus wie eine Orchidee, sonnengelb mit winzigen roten Tupfen. Leider haben Blattläuse eine Vorliebe für die schönen Blumen. Aber mit deiner Blumenspritze und mit Schmierseifenwasser bekommst du die Sache schnell in den Griff.

Am schönsten ist es, wenn in einem großen Kübel oder in einem mindestens 20 Zentimeter breiten Balkonkasten viele verschiedene Blumen wachsen. Pflanz dir einen eigenen Blumengarten: aus rosa Geranien, blauen Petunien und weißen Schleifenblumen. Aus roten Begonien, gelben Pantoffelblumen und weißen Wucherblumen. Aus orangefarbenen Tagetes, blauen Lobelien und buschiger roter Kapuzinerkresse. Und wenn du keinen Platz für eine große Schale oder einen Kübel hast, dann setze die einzelnen Blumen in Töpfe und stelle sie dicht nebeneinander.

Blühende Kletterer erobern Fenster und Wände

Blühende Wände auf dem Balkon oder lebende Rahmen für das Fenster bilden die bunten Trichterwinden, die orangefarbene Schwarzäugige Susanne, rankende Kapuzinerkresse, die rotblühenden Feuerbohnen. Sie alle werden im Frühling wie einjährige Sommerblumen gesät.

Rankende Pflanzen, die nicht im Herbst absterben,

Ein Blumenkübel für den Balkon

Das Seerosenfaß
Auf den Boden kommt eine daumenbreite Schicht aus sauberem Kies, gemischt mit etwas Holzkohle. Darüber wird Erde gebreitet. Normale Blumenerde kannst du hier aber nicht nehmen, denn sie enthält zu viele Nährstoffe und würde das Wasser in eine nahrhafte Suppe für Algen verwandeln. Eine Mischung aus Torf und sauberem Sand ist besser. Sand allein geht auch. Fülle das Wasser sehr langsam und vorsichtig ein, damit die Schichten aus Kies und Erde nicht durcheinandergewirbelt werden. Der Schüsselteich bleibt jetzt eine Woche stehen, bis sich der Kalk aus dem Leitungswasser abgesetzt hat. Dann kannst du den Wassergarten nach Lust und Laune bepflanzen.

sondern im nächsten Frühjahr ganz von alleine wieder Blätter treiben, gedeihen nur auf dem Balkon. Es gibt sie beim Gärtner als kleine Pflänzchen zu kaufen. Den Wilden Wein zum Beispiel, der im Herbst ganz prachtvolle rote Blätter bekommt. An Nordwänden klettert der Efeu, langsam aber beständig. Er bleibt grün, auch wenn es draußen schneit. Der Knöterich ist Sieger im Schnellwachsen: Er kann in einem einzigen Sommer bis zur vier Meter hoch klettern!
Alle diese Pflanzen brauchen Hilfe beim Ranken und Klettern. Am besten ist ein Spalier, also ein Gitter aus Stäben oder Hölzern. Beim Basteln läßt du dir am besten von einem geschickten Erwachsenen helfen. Wenn das nicht möglich ist, steckst du Stäbe oder Äste direkt in den Blumenkübel und bindest die Pflanzen, während sie wachsen, immer wieder daran fest. Nimm Bast dazu. Paketschnur schneidet in die Stengel der Pflanzen ein und tut ihnen weh.

Ein Rosengarten auf dem Balkon
Die Rose ist die Königin der Gartenblumen. Die Königin kann auch auf dem Balkon Hof halten – etwas kleiner natürlich, aber ebenso prächtig.
Die kleinste aller Rosen hat man vor rund 50 Jahren in einem Schweizer Dorf entdeckt. Sie wurde dort seit vielen Generationen als Zimmerpflanze gehalten. Wie sich diese Rose mit den bezaubernden, winzigen rosa Blüten in das Gebirgsdorf verirrt hat, konnte bisher noch niemand erklären.
Rosen, die auf dem Balkon im Topf gedeihen, gibt es in zartem Rosa, in tiefem Rot oder leuchtendem Gelb. Alle haben einen betörenden Duft. Im Winter dürfen diese Miniaturrosen draußen bleiben. Decke sie dick mit Zeitungspapier ab, dann erfrieren sie nicht.

Der Teich in der Schüssel
Blumen, Gemüse, Kräuter, blühende Wände und ein Rosengarten – jetzt fehlt nur noch ein Teich!

Eine alte, große Waschschüssel, ein halbes Holzfaß, ein gekauftes Becken aus Glasfiber – aus allem kannst du einen Teich machen. Nur wasserdicht muß dein Gefäß sein, und es darf nicht aus Metall sein – das könnte rosten. Das Gefäß muß einen Platz bekommen, an dem es stehenbleiben kann. Denn wenn erst einmal Wasser eingefüllt ist, wird dein Teich ziemlich schwer, und du kannst ihn nicht mehr transportieren.

Für eine Seerose brauchst du einen Kübel oder ein halbes Holzfaß, das 40 bis 60 Zentimeter tief ist und einen Durchmesser von 60 Zentimeter hat. Am besten nimmst du eine Zwergseerose. Es gibt sie in Rot, Rosa oder Gelb. Sie wird in ein Weidenkörbchen gesetzt, das mit Torf und Sand aufgefüllt wird. Versenke den Korb vorsichtig in deinem Kübel. Nach wenigen Wochen werden die ersten Blätter auf der Wasseroberfläche schwimmen. Die wunderschönen Blüten öffnen sich zwischen Juni und September.

Der Schwimmfarn und die Wasserlinsen schwimmen auf der Wasseroberfläche. Wenn du ein paar Pflänzchen hast, brauchst du sie nur ins Wasser zu werfen. Der Froschbiß senkt seine Wurzeln in die Erde am Grund. Von Mai bis Juni hat er weiße Blüten mit einem gelben Punkt in der Mitte.

Was du noch pflanzen kannst: die buttergelbe Sumpfdotterblume, die rotblättrige Wassernuß und Schwimmfarn mit dem schönen Namen Feenmoos.

Dünger braucht dein Teich nicht. Nur Wasser mußt du ab und zu vorsichtig nachfüllen. Goldfische dürfen auch nicht in den Teich. Er ist zu klein dafür.

Im Winter muß dein Teich in der Schüssel vor Frost geschützt werden. Am besten wickelst du ihn in Zeitungspapier ein und deckst ihn mit alten Decken oder Stroh ab. Wenn er nicht zu schwer ist, kann man den Miniteich komplett in einen kühlen Keller oder in eine frostfreie Garage tragen. Das Wasser darf niemals bis zum Boden durchgefrieren, sonst gehen die Pflanzen ein. Es besteht auch die Gefahr, daß das Gefäß durch das Eis gesprengt wird. Im Frühjahr darf die Schüssel wieder ins Freie. Sie bekommt am besten einen halbschattigen Platz. Steht sie in der vollen Sonne, erwärmt sich das Wasser zu stark. Das bekommt den meisten Wasserpflanzen schlecht. Auch können sich Algen bilden, die den ganzen Teich mit einer grünen Schicht überziehen. Im Halbschatten oder Schatten passiert das nicht.

Wasser im Garten und eine wilde Ecke

Wasser im Garten

Die flinke Bachstelze wippt am Ufer entlang, eine stahlblaue Libelle sitzt auf dem Blatt der Seerose, ein großer Käfer in gelbgeränderter Ritterrüstung verschwindet in der Tiefe, auf dem Wasser laufen langbeinige Insekten. Ein Weiher im Garten hat viele schöne und merkwürdige Besucher. Wasser zieht Tiere magisch an, ganz gleich, wie groß die Wasserstelle ist. In einem kleinen Garten hat vielleicht gerade eine Vogeltränke Platz. Auf einem großen Grundstück kann ein richtiger Weiher mit Seerosen angelegt werden. Ohne Wasser fehlen viele Tiere im Garten. Zu einem Teich oder Weiher aber fliegen, krabbeln, laufen sie von weither.

Eine Vogeltränke selbst gebaut

Fertig geformte Vogeltränken gibt es zu kaufen. Aber auch eine alte emaillierte Schüssel, eine kleine Kinderbadewanne aus Zink, eine flache Keramikschale oder ein anderes geeignetes Gefäß geben wunderbare Vogeltränken ab. Suche erst einen Platz für die Tränke. Schau dich um, als ob du ein Vogel wärst: Kann sich eine Katze in Pfotenweite verstecken? Gibt es in einiger Entfernung einen Baum oder Strauch zum Flüchten? Gehen in der Nähe vielleicht dauernd Menschen hin und her? Die Vogeltränke soll auf einer freien Fläche stehen. Im Umkreis von drei Metern dürfen kein Strauch und keine hohe Staude wachsen. Das ist wichtig, damit sich keine Katze unbemerkt heranschleichen kann. Nur an eine Tränke, die so gelegen ist, kommen viele Vögel. Wasserstellen, die halb versteckt sind, meiden sie. Die Tränke sollte auch so liegen, daß du die Tiere beobachten kannst, wenn sie zum Trinken kommen, wenn sie baden und danach auf den nächsten Ast fliegen, um ihr nasses Gefieder zu putzen.

Hebe mit dem Spaten eine Grube aus, in die dein Gefäß hineinpaßt. Den Rand des Gefäßes kannst du mit großen Steinen belegen. Wenn du eine flache, drei bis fünf Zentimeter tiefe Schale hast, ist das ideal für Vögel zum Baden und Trinken. Wenn du ein tiefes Gefäß hast – wie die Kinderbadewanne oder eine tiefe Schüssel –, legst du in die Mitte große Flußkiesel, so daß sie eine Insel bilden. Sie sollen über die Wasseroberfläche hinausragen, damit die Vögel bequem darauf sitzen können. An einer Seite wird mit den Flußkieseln ein Ufer abgeflacht, so daß Frösche, Igel und

Eine Vogeltränke sollte es in jedem Garten geben.

Die Regentonne
In einer Regentonne wird das Regenwasser vom Dach gesammelt. In das Regenrohr wird ein Spezialteil mit einer verschließbaren Klappe eingesetzt. Wenn es anfängt zu regnen, muß die Klappe eine Viertelstunde geschlossen bleiben. In dieser Zeit wäscht der Regen den Schmutz vom Dach. Danach kannst du die Klappe öffnen und das Regenwasser in die Tonne laufen lassen.

Insekten aus dem Wasser ans Land kriechen können. Zum Schluß füllst du vorsichtig Leitungswasser in deine Vogeltränke. Sie muß immer mit frischem, sauberem Wasser gefüllt sein. Im Herbst leerst du das Gefäß aus und machst es sauber. Die Vogeltränke kann im Keller überwintern. Im nächsten Frühjahr wird sie wieder in den Garten getragen und frisch gefüllt.

Ein Weiher im Garten

Einen Weiher im Garten anzulegen, ist eine Sache für die ganze Familie. Je größer er werden kann, desto mehr verschiedene Tiere werden nach und nach zuwandern. Wenn die Wasserfläche rund 4 Quadratmeter groß ist, kann der Teich an einer Stelle 80 Zentimeter tief ausgehoben werden. Das ist wichtig für den Winter: In dieser tiefen Grube schlafen Molche, Insekten und Wasserlinsen, ohne zu erfrieren. In einem Gewässer ohne solch ein tiefes Loch würden sie nicht überleben. Beim Einfüllen des Wassers muß man sehr vorsichtig sein, damit nicht die ganze Erde aufgewühlt wird. Du nimmst einen Gartenschlauch und läßt das Wasser mit einem sehr schwachen Strahl hineinfließen. Wenn der Weiher voll ist, muß er eine Woche ruhen, bevor Wasserpflanzen hineindürfen. Sie vertragen nämlich das Chlor im Leitungswasser nicht. Chlor verdunstet nach ein paar Tagen und schadet dann nicht mehr. Noch besser ist es aber, wenn der Teich mit Regenwasser gefüllt werden kann. Bekommt er einen Zulauf aus der Regentonne oder direkt von der Dachrinne, so füllt er sich nach und nach langsam auf.
Wasserpflanzen mit Wurzeln wie zum Beispiel Seerosen werden am besten in einem Pflanzcontainer, das ist ein Korb aus Kunststoff, in den Teich versenkt. So kann die Pflanze leicht herausgenommen werden, wenn der Teich einmal gereinigt werden muß oder wenn die Pflanze zu groß geworden ist und geteilt werden soll. Unterwasserpflanzen, die Sauerstoff liefern, werden direkt in die Erdschicht gesetzt. Schwimmpflanzen wirft man einfach ins Wasser. Sie holen sich die Nährstoffe mit ihren Wurzeln direkt aus dem Wasser.
An steilen Teichufern rutscht die Erde immer wieder herunter. Solche Ufer können mit speziellen Böschungsmatten aus Sisal oder Jute verkleidet werden. Es gibt diese Randbefestigungen mit Noppen, die verhindern, daß die Erde abrutscht. Andere Matten haben richtige Taschen, in die man Wasserpflanzen setzen kann. Du bekommst diese Randbefestigungen im Gartenfachgeschäft.

Tiere und Pflanzen für den Gartenteich

Viele Tiere, Insekten und Pflanzen wandern von allein zu deinem kleinen Weiher. Du mußt gar nichts dafür tun: Vögel tragen in ihren Federn Wildkräutersamen und Insektenlarven her. An ihren Füßen kann sogar Laich von Fröschen oder von Fischen kleben. Der Fisch oder Molch, den du dann später im Teich hast, ist also buchstäblich vom Himmel gefallen. Wenn die Vögel im Weiher baden, verlieren sie ihre Fracht, und der kleine Teich beginnt zu leben.

Welche Tiere zuwandern oder eingeschleppt werden, hängt natürlich auch von der Umgebung ab. In einen Garten mitten in der Stadt wandern weniger Lebewesen zu. Wenn aber ganz in der Nähe ein Stadtpark mit einem See ist, sind die Chancen schon besser, daß eine bunte Tierwelt den Weg zum Gartenteich findet.

Du darfst aber niemals Frösche, Kröten, Kaulquappen oder Laich aus einem Tümpel in der Natur holen. Das ist streng verboten, denn diese Tiere stehen unter Naturschutz. Du darfst auch nie einfach Pflanzen ausgraben oder aus dem Wasser eines Teichs in der Natur holen. Pflanzen für den Weiher kann man in Spezialgeschäften kaufen

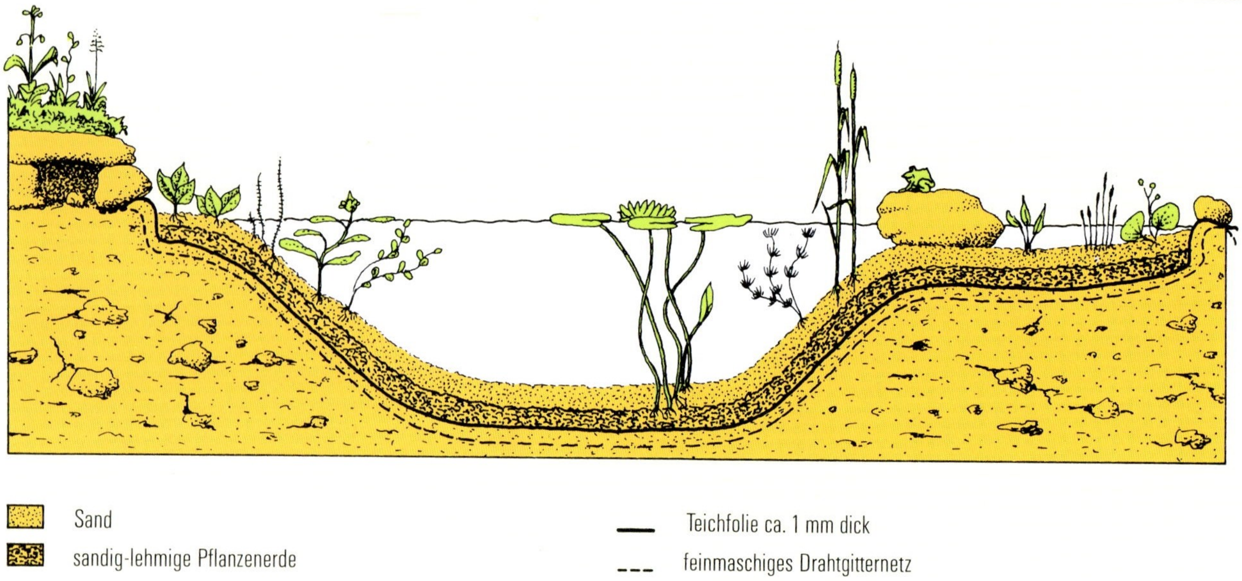

So baut man einen Weiher

Der Weiher sollte an einer sehr sonnigen Stelle liegen. Dann hast du viel mehr Tiere zu Besuch als an einer schattigen Stelle. Bäume und Sträucher werden etwas entfernt gepflanzt, damit ihr Laub nicht in den Teich fällt. Zunächst wird die Grube für den Weiher in der gewünschten Form ausgehoben. Sie soll an einer Stelle 80 Zentimeter tief sein. Wichtig ist, daß der Teich mindestens an einer Seite ein ganz flaches Ufer hat. So können Frösche, Kröten und Insekten mühelos heraus- und hineinkrabbeln. Vögel können baden, ohne daß sie gleich bis zum Bauch im Wasser stehen.

Wenn die Grube fertig ist, werden sorgfältig alle Steine, Wurzeln und Hölzchen abgesammelt. Sie könnten die Teichfolie beschädigen. Die Erde wird festgeklopft.

Dann wird eine 5 Zentimeter dicke Sandschicht gleichmäßig auf den Teichboden aufgebracht und mit der Harke glattgerecht. Sie schützt die Teichfolie vor Beschädigungen von unten. Wenn viele Wühlmäuse in der Gegend sind, kommt unter die Sandschicht noch ein mäusefester Maschendraht.

Jetzt wird die Teichfolie vorsichtig ausgebreitet. Es lohnt sich, eine dicke Folie von guter Qualität zu nehmen, damit sie viele Jahre lang hält. Die Folie soll glatt in der Grube liegen und möglichst keine Falten werfen. An den Rändern wird die Folie senkrecht hochgezogen und mit ausgestochenen Rasensoden oder Steinen bedeckt. Der senkrechte Rand ist wichtig, damit das Wasser im Weiher bleibt. Man kann die Folie allerdings auch flach auflegen.

Dann zieht das umgebende Erdreich das Wasser aus dem Teich, und es entsteht eine sumpfige Zone. Wer möchte, kann sich also an einer Seite des Teichs so einen „Sumpf“ einrichten. Es muß allerdings öfter Wasser nachgefüllt werden. Auf die Folie wird jetzt Erde aufgebracht. Sie darf möglichst wenige Nährstoffe enthalten, sonst wuchern die Algen im Weiher. Am besten ist eine Mischung aus einem Drittel Teichaushub, das ist die Erde aus deiner Grube, einem Drittel Lehmerde und einem Drittel Flußsand. Die Erdschicht darf 5 bis 20 Zentimeter dick sein. Jetzt kannst du in den Weiher Wasser einlassen.

oder sich schicken lassen. Du kannst dich auch in den Gärten der Nachbarschaft umsehen. Vielleicht gibt es dort Gartenteiche. Viele Leute geben gern Pflanzen aus ihrem eigenen Weiher ab, wenn sie zu groß geworden sind.

Pflanzen für den Weiher

Seerosen sind nicht nur die schönsten aller Teichpflanzen, sie sind auch wichtig: Vögel und Bienen ruhen sich auf ihren großen Blättern aus, die Libelle sitzt hier auf der Lauer nach Insektenbeute, Wasserschnecken legen an der Unterseite der Blätter ihre Eierpakete ab. Eine Seerose braucht rund 80 Zentimeter Wassertiefe. Zwergsorten gedeihen auch in flacherem Wasser.
Einige Pflanzen leben ganz unter Wasser. Du siehst sie nicht, aber sie sind für den Teich sehr wichtig, denn sie stellen Sauerstoff her, den die Tiere im Wasser zum Atmen brauchen. Zwischen ihren Wurzeln finden Kaulquappen, Schnecken und Wassertiere Schutz und Nahrung. Solche Pflanzen sind zum Beispiel Wasserpest, Tausendblatt, Froschbiß und Rauhes Hornblatt.
Wasserlinsen, Froschbiß und Krebsschere sind Pflanzen, die der Wind auf der Wasseroberfläche herumtreibt. Sie halten sich mit ihren Wurzeln nirgends fest, sondern holen sich die Nährstoffe direkt aus dem Wasser. Sie sind sehr leicht zu „pflanzen“: Du mußt sie einfach nur in den Weiher legen.
Ans Ufer dürfen Pflanzen, die gern feuchte Füße haben. Himalaja-Balsaminen (sie heißen auch Drüsiges Springkraut) haben rosarote Blüten, die

Kanadische Wasserpest

Kleine Wasserlinse

Quirlblütiges Tausendblatt

Seerose

Froschbiß

Rauhes Hornblatt

Krebsschere

Wasserschwertlilie

wie kleine Orchideen aussehen. Wenn du die reifen Samenkapseln berührst, springen sie mit einem Knall auf und schleudern die Samen weit fort.

Sumpfdotterblume

Die Sumpfdotterblume öffnet im Frühjahr als erste ihre gelben Blütensterne. Iris, auch Schwertlilien genannt, blühen gelb oder violett und sehen aus, als wären sie aus einem alten Wappen geschnitten. Das Sumpfvergißmeinnicht und der Bachehrenpreis leuchten in zarten oder kräftigen Blautönen.

Tiere im Wasser

Fische im Teich sind anspruchsvoll: Sie brauchen Futter und immer sauberes, sauerstoffreiches Wasser. In einen Weiher, der möglichst vielen verschiedenen Tieren Unterschlupf und Nahrung bieten soll, sollten besser keine Fische gesetzt werden. Fische fressen nämlich nicht nur kleine Insekten, sondern auch den Laich von Fröschen und Kröten. Ein Weiher im Garten aber sollte gerade diesen Tieren Schutz und Lebensraum bieten, denn in der freien Natur finden sie immer weniger Platz. Zu viele Feuchtgebiete werden trockengelegt, weil ein Acker entsteht, weil eine neue Siedlung oder eine Straße gebaut werden soll. In einem Garten, wo kein Gift gespritzt wird und ein einladender Teich vorhanden ist, finden Molche, Frösche und Kröten Zuflucht.
Tiere für den Teich mußt du nicht kaufen. Die

meisten kommen von allein. Wenn du nicht warten magst, kannst du die eine oder andere Tierart im Zoogeschäft bekommen. Da gibt es zum Beispiel die Posthornschnecke, die mit ihrem geringelten Gehäuse tatsächlich aussieht wie ein Signalhorn aus der Postkutschenzeit. Sie lebt auf dem Teichboden. Oder die Große Schlammschnecke mit ihrem eindrucksvoll aufgetürmten Gehäuse. Du kannst sie manchmal beobachten, wenn sie sich an der Wasseroberfläche treiben läßt. Solche Wasserschnecken sind richtige Saubermänner. Sie vertilgen mengenweise Algen, die das Teichwasser grün und trüb machen.

Frösche und Kröten leben nur als Jungtiere im Teich. Die quirligen Kaulquappen verlieren eines Tages ihren Schwanz und steigen als kleine, fertige Frösche aus dem Wasser. Jetzt brauchen sie einen Unterschlupf am Ufer: Hölzchen, Reisig, ein paar Steine oder eine „wilde Ecke" mit feuchtwarmen Höhlen mögen sie am liebsten.

Bald kommen auch Insekten an den Teich: Wasserläufer, die einzigen Lebewesen, die auf dem Wasser laufen können; Wasserspinnen, die immer eine Luftblase mit sich herumschleppen; der gefräßige Gelbrandkäfer, der größte Räuber im Teich; unzählige Fliegenlarven, Wasserflöhe und andere kleine Tierchen.

Die schönste von allen aber ist die Libelle. Große Libellen leben bis zu fünf Jahre im Wasser. Sie heißen in dieser Zeit „Nymphen". Dann gehen sie an Land. An einem schönen Sonnentag platzt die Haut der Nymphe, und die blau und grün schillernde Libelle schlüpft heraus und entfaltet ihre gläsernen Flügel. Sie ist ein treuer Besucher des Teichs, ein blaugrüner Blitz, der im Sonnenschein über das Wasser flitzt.

Ein Springbrunnen bei Sonnenschein

Ein kräftig sprudelnder Springbrunnen mit einer elektrischen Teichpumpe sieht hübsch aus, ist für das Leben im Weiher aber nicht gut. Wasser, das ständig angesaugt und in die Höhe geworfen wird, ist für Insekten, Molche und Kaulquappen eine tödliche Falle.

Wenn es an deinem Weiher rieseln und sprudeln soll, eignet sich am besten ein Solarfrosch. Er

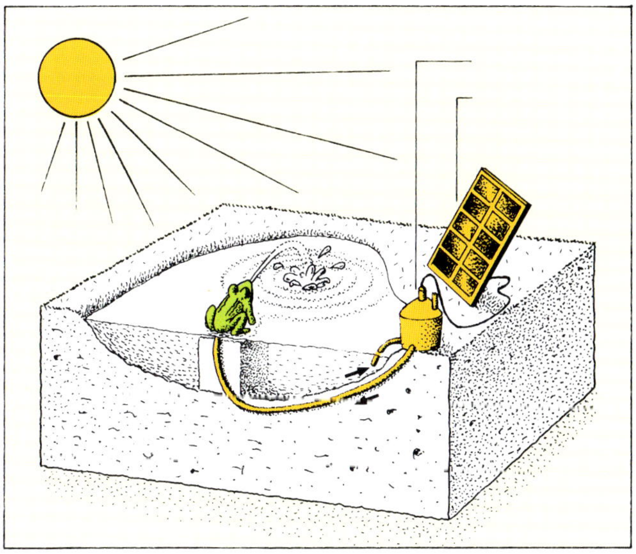

Der Solarfrosch

braucht keinen Stromanschluß und kann überall aufgestellt werden. Vor allen Dingen bewegt er das Wasser nur, wenn die Sonne scheint, wenn es also besonders wichtig ist, daß Luft in den Teich kommt.

Ein Solarfrosch wird mit einem richtigen Sonnenkraftwerk betrieben. Eine kleine Platte mit Solarzellen wird ans Ufer gestellt und nach Süden ausgerichtet, damit sie alle Sonnenstrahlen einfangen kann. Die Solarzellen verwandeln das Sonnenlicht direkt in schwachen Strom. Dieser Strom betreibt eine kleine Pumpe, mit der das Wasser aus dem Weiher angesaugt wird.

Das Wasser fließt in einen Frosch aus Keramik, der es dann wieder in den Weiher spuckt. Das Ansaugen des Wassers geschieht so langsam und mit so wenig Saugkraft, daß Kaulquappen und Insekten rechtzeitig wegschwimmen können. Außerdem ist das Wasser, das der Frosch ausspuckt, voll von Luftsauerstoff, den die Tiere im Teich zum Atmen brauchen. Den Solarfrosch gibt es im Gartenfachgeschäft, im Versandhandel oder im Elektrofachgeschäft, das auch Solargeräte führt.

Statt des Solarfrosches, der aus Pumpe und Froschfigur besteht, kann man auch nur die Pumpe mit den Solarzellen nehmen und das Wasser über einen Stein in den Weiher plätschern lassen. Es rieselt nur bei Sonnenschein und ist für die Tiere im Teich ganz ungefährlich.

Die wilde Ecke

Ein kleines Plätzchen, nur ein paar Quadratmeter groß, genügt für eine „wilde Ecke". Dieses Fleckchen Land kann zum spannendsten Teil des ganzen Gartens werden! Eine wilde Ecke macht kaum Arbeit, und man hat viele Stunden Freude beim Beobachten ihrer Bewohner. Sie ist ein Paradies für Eidechse und Ringelnatter, für Igel und Erdkröte, für Wolfsspinne und Tagpfauenauge. Wer eine wilde Ecke im Garten einrichtet – und wer erlaubt, daß sie eingerichtet wird –, ist ein echter Naturschützer.

Die „Einrichtung" für die wilde Ecke

Die wilde Ecke wird an einem Platz am Rand des Gartens angelegt, wo sie nicht weiter stört. Sie sollte mindestens zwei Quadratmeter groß sein. Wenn sie vor einer Hecke oder unter ein paar Sträuchern angelegt wird, liegt sie halb in der Sonne, halb im Schatten. Das ist besonders günstig. Zum Bauen brauchst du einige große Steine, runde Flußkiesel, zerbrochene Ziegelsteine oder was du sonst finden kannst. Du kannst auch Steine aus dem Gartenbeet heraussammeln. Wenn sie größer sind als ein Fünfmarkstück, stören sie da nur, und du verwendest sie für die wilde Ecke.

Die Steine werden neben- und übereinandergeschichtet. Sie müssen ganz fest aufeinanderliegen. Dazwischen entstehen kleinere und größere Höhlen. Über diesen Kern aus Steinen wird Reisig geschichtet. Lege das Reisig zu einem lockeren, flachen Haufen übereinander. Jetzt brauchst du noch dürres Laub. Es wird auf den Stein-Reisighaufen geschüttet. Nun ist der ganze wilde Berg ungefähr einen Meter hoch. Im Laufe der Zeit, wenn Reisig und Laub verrotten, sinkt der Haufen langsam zusammen. Deshalb mußt du jedes Jahr im September und Oktober neues Laub und frisches Reisig darüberhäufen.

Wenn du hohle Stengel von Stauden im Garten findest oder ein dickes Stück morsches Holz, legst du es neben den Haufen. Die winzigen Höhlen der Pflanzen ziehen Insekten wie Ohrwürmer und andere Nützlinge an.

Rund um diesen künstlich angelegten Berg dürfen alle Wildkräuter wachsen, die sich dort von selbst ansiedeln und die sonst nirgends im Garten geduldet werden. Jetzt braucht die wilde Ecke nur noch eins: Ruhe. Denn es wird nur kurze Zeit dauern, bis die ersten Bewohner einziehen.

Eine Pflanze für alle Fälle: die Brennessel

Viele Menschen mögen Brennesseln nicht. Wenn die Brennessel angefaßt wird, brechen die feinen Spitzen ihrer Brennhaare ab und verspritzen eine stark brennende Flüssigkeit. Auf der Haut ent-

So entsteht eine wilde Ecke

Die Brennessel und ihre ökologischen Funktionen

stehen Blasen, und es tut weh. Aber deswegen muß man Brennesseln nicht verabscheuen. Wenn du Brennesseln schneiden willst, ziehst du einfach feste Arbeitshandschuhe aus Leder an, dann können dir die Brennhaare gar nichts anhaben.
Brennesseln wachsen normalerweise ganz von allein. Du kannst aber auch im Gartenfachgeschäft oder im Versandhandel Brennesselsamen kaufen. Oder du gräbst an einem Waldrand ein Stück vom Wurzelstock einer Brennessel aus und setzt sie in die wilde Ecke.
Brennesseln aus der wilden Ecke brauchst du vor allem für die nahrhafte Pflanzenjauche. Aber ein paar dieser großen, grünen Pflanzen müssen stehenbleiben, denn sie sind unersetzlich für viele Tiere – und für den Menschen:

- Über 100 Arten von Tieren, Insekten, Schmetterlingen sind von der Brennessel abhängig. Ohne diese Pflanze mit ihren unscheinbaren grünen Blütenbüscheln können sie nicht leben.
- Schmetterlinge wie das Tagpfauenauge, der Kleine Fuchs, Admiral, Landkärtchen und die Nessel-Höckereule können nur dann in deinem Garten leben, Eier legen und sich vermehren, wenn sie eine Brennessel als Wohnung und Futterpflanze vorfinden. Ohne die Brennessel würden diese Tiere aussterben, denn ihre Raupen fressen ausschließlich die Blätter dieser Pflanze.
- Marienkäfer, Florfliegen und Schlupfwespen leben von den Blattläusen und anderen Saugern, die in großen Kolonien auf der Brennessel hausen. Die nützlichen Käfer und Fliegen kommen von hier aus auch in den Garten und räumen auf den Beeten mit den Schädlingen auf.
- Werden Brennesseln in kaltes Wasser gelegt und nach 24 Stunden wieder herausgefischt, so ist das natürliche Pflanzengift der Brennhaare in das Wasser übergegangen. Dieses Brennesselwasser ist ein hervorragendes Mittel gegen Blattläuse. Brennesseln liefern also ein schonendes Pflanzenschutzmittel.
- Aus kleingeschnittenen Brennesseln, die in einem Eimer mit Wasser 10 bis 14 Tage vergoren werden, entsteht die nahrhafteste aller Pflanzenjauchen. Brennesseln liefern also auch Dünger.
- Brennesselsaft oder Salat und Gemüse aus den ganz jungen Blättern wirken wie Medizin. Sie reinigen das Blut und helfen gegen Krankheiten, wie zum Beispiel Gicht oder Rheuma.
- Brennesseln sagen etwas über den Gartenboden aus: Wo sie wachsen, ist viel Humus im Boden, da gibt es Nährstoffe und genügend Feuchtigkeit. Brennesseln sind sogenannte Zeigerpflanzen: Sie zeigen, wo der Boden in Ordnung ist. Heilpflanze, Pflanzenschutzmittel, Düngerlieferant, Nahrung, Nistplatz, Zeigerpflanze – kaum eine andere Pflanze kann da mithalten!

Pflanzen in der wilden Ecke

Die zarten, weißen Blüten des Buschwindröschens leuchten im Frühjahr aus dem Schatten. Später im Jahr öffnet der Löwenzahn seine dottergelben Blüten. Die Melde wächst zu stattlicher Höhe heran, bevor sie ihre winzigen Blüten öffnet. Die Zaunwinde überzieht den Reisigberg mit drahtigen Schlingen und legt einen grünen Pelz, geschmückt mit weißen Blütentrichtern, über Steine und Äste. Die Ackerkratzdistel breitet grüne stachelige Rosetten auf der Erde aus, bevor sie majestätische Stengel, gekrönt mit violetten Blütenköpfen, herausschiebt. Die wuscheligen lila Distelblüten sind ein wahrer Magnet für Schmetterlinge, die sie an heißen Sommertagen zu Dutzenden umgaukeln.

Tiere in der wilden Ecke

Für Igel ist der Haufen aus Reisig, Steinen und Laub genau richtig. Hier kann das Stacheltier ein gemütliches Winterschläfchen halten und im Frühjahr seine Kinderstube einrichten. Von hier aus startet der Igel seine Ausflüge in den Garten und holt die Nacktschnecken vom Salatbeet.
Die Erdkröte gräbt sich gern unter dem Haufen eine Höhle und verbringt dort den Winter. Sie kann bis zu 30 Jahre alt werden. Im Laufe ihres Lebens frißt sie kiloweise Schnecken und Raupen aus dem Garten.
Goldene und schwarzglänzende Laufkäfer jagen in der wilden Ecke nach Insekten. Wo viel Sonne hinscheint, fühlt sich die Ringelnatter wohl. Sie richtet sich zwischen Laub und Pflanzenresten ihre Bruthöhle ein.
Die Eidechse ist ein selten gewordener Besucher. Das schöne grün- oder braunglänzende Tier mit

Igel

Erdkröte

Waldeidechse

Blindschleiche

Weinbergschnecke

den flinken, wachen Augen sitzt am liebsten im vollen Sonnenschein auf einem warmen Stein und jagt Fliegen.
Bienen und Hummeln bauen sich ihre Nester in der wilden Ecke. Dort werden sie nicht von Menschen gestört. Unzählige Insekten schwirren, schweben und tanzen über diesem kleinen Fleckchen Erde.
Die Blindschleiche lebt am liebsten in der lockeren Laubschicht der wilden Ecke. Sie sieht zwar aus wie eine Schlange, ist aber in Wirklichkeit eine beinlose Eidechse. Die Blindschleiche kann bis zu 45 Zentimeter lang werden. Für Menschen ist sie völlig harmlos. Nur den Schnecken wird die Blindschleiche gefährlich: Sie frißt ihre Eigelege und die Jungschnecken.

Bäume und Sträucher für die wilde Ecke

Du solltest die wilde Ecke nicht direkt am Gartenzaun anlegen. Wer weiß, ob dein Nachbar etwas von Naturschutz versteht. Möglicherweise beschwert er sich über die Wildkräuter, deren Samen in seinen Garten fliegen. Besser ist es, zwischen Zaun und wilder Ecke ein paar Sträucher zu pflanzen. Wenn genug Platz da ist, darf es auch der eine oder andere Baum sein.
Eine Eberesche liefert viele rote Beeren, Vogelnahrung für den Winter. Der Holunder mit seinen schwarzen Früchten tut nicht nur Vögeln gut: Holundersaft ist ein fabelhaftes Mittel gegen Schnupfen und Erkältungen. Die Heckenrose kann sich zu einem mächtigen Busch entwickeln.

Im Sommer duften ihre Blüten süß, und ihre Hagebutten sind der Wintervorrat für Meise und Fink. Der Haselnußstrauch trägt Nüsse für die Weihnachtsplätzchen. Haselmaus und Eichhörnchen werden sich auch ihren Teil davon holen. Die dornigen Zweige von Weißdorn und Schlehe schützen die Nester vieler Singvögel. Die Beeren dieser Sträucher sind ein willkommener Vorrat für eisige Zeiten. Eine Salweide braucht Platz. Sie wächst am liebsten dort, wo es schön feucht ist. Im Frühjahr sind ihre Kätzchenblüten die erste Nahrungsquelle für die Bienen. Der rote Hartriegel leuchtet noch im tiefsten Winter aus der „wilden Ecke" heraus, denn seine Zweige sind blutrot.

Sträucher und Bäume für die wilde Ecke mußt du nicht unbedingt kaufen. Vergrabe ein paar Kirsch- und Apfelkerne im Boden. Stecke einige Reiser in die Erde, die du im Frühjahr von Weide oder Haselnuß geschnitten hast. Sammle Eicheln und Bucheckern und die stacheligen grünen Samenkügelchen der Klette, die nach einem Waldspaziergang an den Strümpfen haften. Ziehe dicke Lederhandschuhe an und grabe eine dornige wilde Brombeere oder eine Himbeere dort aus, wo sie besonders stark wuchern. Pflanze sie ein wenig vom Steinhaufen entfernt. Sie werden bald ein dichtes Dornengestrüpp voller schwarzer und roter, zuckersüßer Waldbeeren bilden.

Was du auch pflanzt, was auch wächst und gedeiht in der wilden Ecke – es gibt immer etwas Neues zu beobachten und zu entdecken.

Gefahren im Garten

Giftige Pflanzen gehören eigentlich nicht in einen Garten, in dem Kinder spielen. Bis auf ganz wenige Ausnahmen wie die Christrose haben wir in diesem Buch nur ungiftige Blumen, Sträucher und Bäume vorgestellt. Aber in vielen Gärten, die schon vor Jahren angelegt wurden, wachsen giftige Pflanzen, ohne daß die Besitzer es ahnen.
In der folgenden Liste haben wir die häufigsten zusammengefaßt. Gehe einmal mit deinen Eltern durch den Garten und sieh nach, ob du die eine oder andere Pflanze findest. Schaue sie dir genau an und dann – Finger weg! Wir haben die giftigen Pflanzen nicht abgebildet, aber man kann sie in jedem Bestimmungsbuch nachschlagen.

Aprikosen haben Kerne, die Blausäure enthalten. Nicht öffnen, nicht essen.
Christrose enthält in der Wurzel besonders viel Gift. Aber auch die Blätter sind giftig.
Besenginster ist in allen Teilen giftig.
Bohnen sind giftig, wenn sie roh gegessen werden. Das Gift wird durch Kochen vollständig zerstört. Bohnen müssen deshalb immer 15 Minuten kochen, bevor sie gegessen werden können.
Buchsbaum hat giftige Blätter.
Eibe ist ein Baum, der in allen Teilen giftig ist – nicht nur in den roten Früchten.
Eisenhut ist eine hochgiftige Pflanze. Bei Vergiftungen sofort zum Arzt.
Fingerhut ist tödlich giftig. Bei einer Vergiftung sofort zum Arzt.
Goldregen ist in allen Pflanzenteilen giftig. Besonders gefährlich sind die Schoten und die Samen, die aussehen wie Erbsen. Niemals anfassen oder gar darauf herumkauen.
Herbstzeitlose ist in allen Teilen giftig.
Kartoffeln haben giftige Beeren. Auch die Blätter und die Blüten sind giftig. Nur die Kartoffelknollen, die unter der Erde wachsen, sind ganz und gar nicht giftig, sondern sehr gesund. Sie dürfen aber kein Licht bekommen, sonst kriegen sie grüne Stellen. Die enthalten das Gift Solanin. Grüne Kartoffeln wirft man besser weg.
Lebensbaum ist in allen Teilen giftig.
Lupine ist in allen Teilen giftig.
Maiglöckchen ist in allen Teilen giftig. Besonders gefährlich sind die hübschen roten Beeren, die das Maiglöckchen ansetzt.
Oleander ist eine beliebte Kübelpflanze, die in allen Teilen giftig ist.
Pfaffenhütchen ist ganz und gar giftig. Besonders gefährlich sind die Samen.
Schneeball hat giftige Früchte.
Stechapfel ist in allen Teilen giftig.
Stechpalme hat giftige rote Beeren.
Seidelbast ist eine hochgiftige Pflanze! Bei Vergiftungen sofort zum Arzt.

Suchbilder

Wer es ganz genau wissen will, kann hier nachschauen, welche Tiere und Pflanzen auf den Doppelseiten zu Beginn der einzelnen Kapitel abgebildet sind. Man kann auch ein Familienspiel

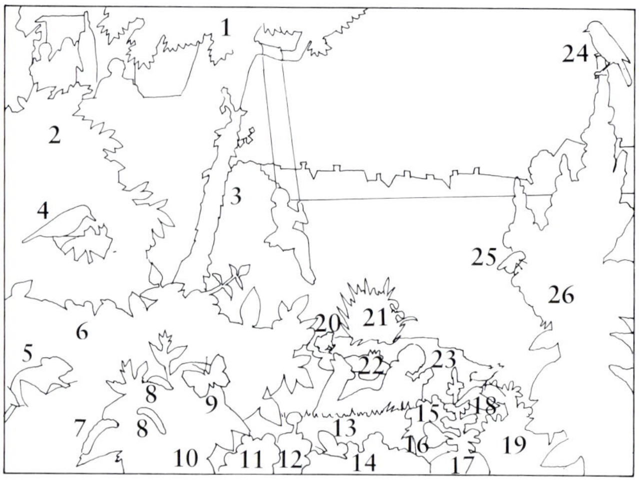

Erlebniswelt Garten

1 Eßkastanie
2 Süßkirsche
3 Efeu
4 Singdrossel
5 Haselmaus
6 Himbeere
7 Kleiner Fuchs-Raupe
8 Tagpfauenauge-Raupe
9 Kleiner Fuchs
10 Brennessel
11 Weißklee
12 Gänseblümchen
13 Bläuling
14 Ehrenpreis
15 Hahnenfuß
16 Weißling
17 Salbei
18 Wolfsmilchschwärmer
19 Seifenkraut
20 Wasserfrosch
21 Schwertlilie
22 Seerose
23 Goldammer
24 Gartenrotschwanz
25 Erdhummel
26 Königskerze

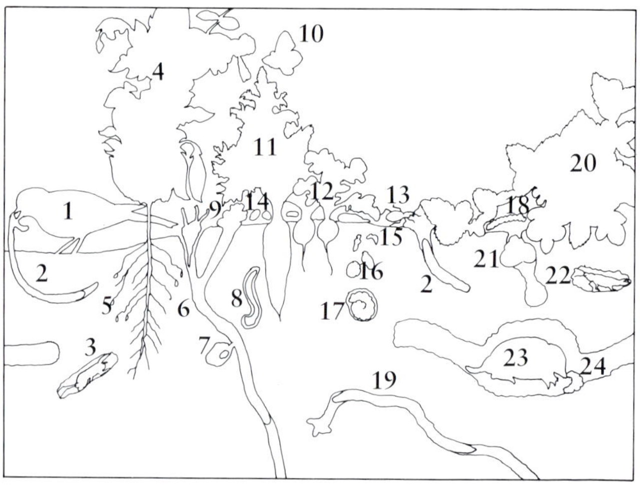

Erde ist kein Dreck

1 Amsel
2 Dungwurm
3 Maulwurfsgrille
4 Erbse
5 Stickstoffklümpchen
6 Gewöhnlicher Regenwurm
7 Eikokon
8 Jungwurm
9 Kothäufchen
10 Hauhechelbläuling
11 Möhre
12 Radieschen
13 Goldlaufkäfer
14 Moorassel
15 Springschwanz
16 Saftkugler
17 Schnurfüßer
18 Bandfüßer
19 Allolobophora caliginosa
20 Erdbeere
21 Hainschnecke
22 Ohrwurm
23 Maulwurf
24 Feldmaikäfer-Engerling

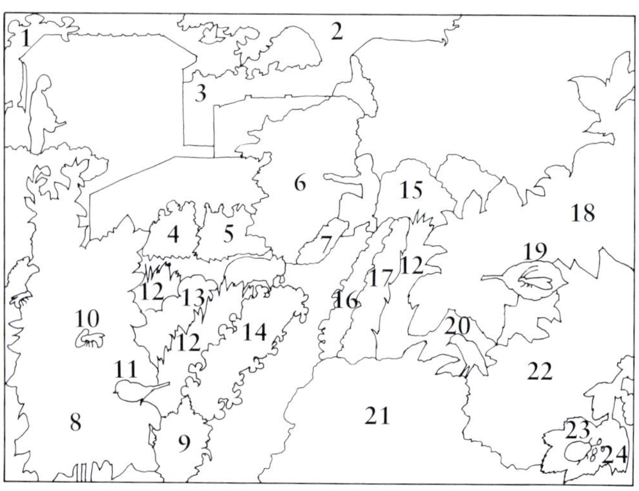

Der Nutzgarten

1 Sonnenblume
2 Birne
3 Himbeere
4 Ringelblume
5 Basilikum
6 Tomate
7 Petersilie
8 Feuerbohne
9 Bohnenkraut
10 Honigbiene
11 Kohlmeise
12 Zwiebel
13 Salat
14 Monatserdbeere
15 Dahlie
16 Radieschen
17 Möhre
18 Apfel
19 Florfliege
20 Star
21 Kürbis
22 Schwarze Johannisbeere
23 14-Punkt-Marienkäfer
24 Blattlaus

daraus machen: Alle raten die Namen, und dann schaut man hier nach den Auflösungen. Vielleicht kennt ihr euch, nachdem ihr dieses Buch gelesen habt, besser aus als eure Eltern.

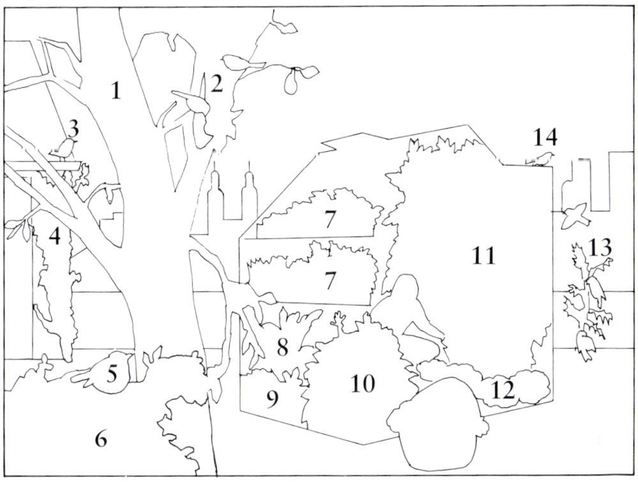

Der Traum vom ganz langen Sommer

1 Birne
2 Kohlmeise
3 Spatz
4 Efeu
5 Amsel
6 Hagebutte
7 Kräuter
8 Zucchini
9 Erdbeere
10 Buschbohne
11 Tomate
12 Kopfsalat
13 Distelfink
14 Rotkehlchen

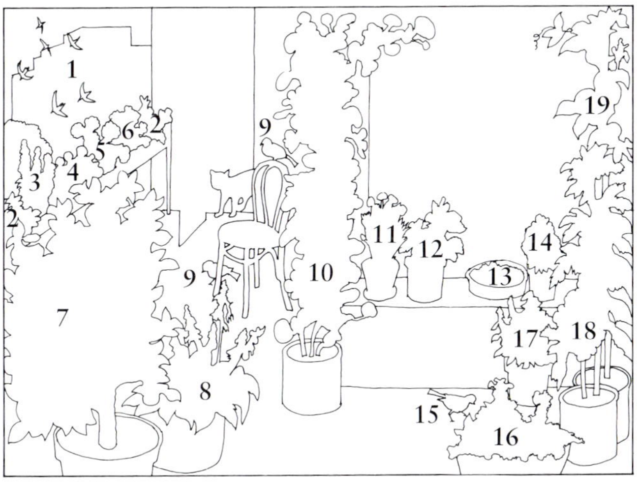

Der Gärtner ohne Land

1 Mauersegler
2 Petunie
3 Löwenmaul
4 Tagetes
5 Mittagsgold
6 Ringelblume
7 Apfelbaum
8 Funkie
9 Haussperling
10 Kapuzinerkresse
11 Schnittlauch
12 Zitronenmelisse
13 Kresse
14 Origano
15 Blaumeise
16 Kerbel
17 Basilikum
18 Tomate
19 Feuerbohne

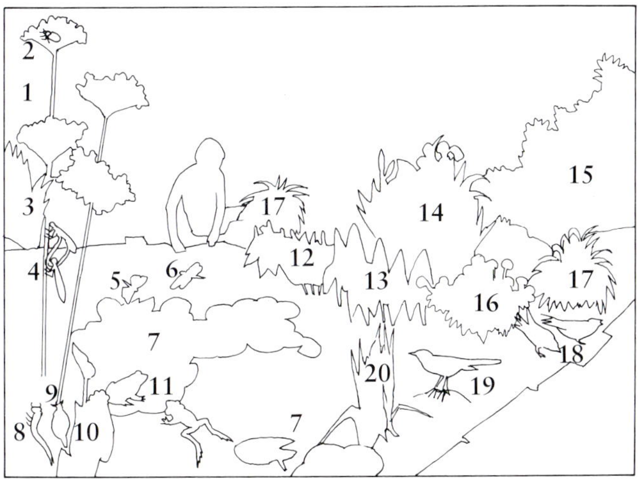

Wasser im Garten und eine wilde Ecke

1 Schwanenblume
2 Gartenkäfer
3 Sumpfiris
4 Hufeisen-Azurjungfer
5 Zünsler
6 Vierfleck
7 Seerose
8 Gelbrandkäfer-Larve
9 Spitzschlammschnecke
10 Froschlöffel
11 Wasserfrosch
12 Hechtkraut
13 Pfeilkraut
14 Wasserschwertlilie
15 Salweide
16 Trollblume
17 Silberfahnengras
18 Mehlschwalbe
19 Bachstelze
20 Sumpf-Segge

Register

Adressen

Die meisten Dinge, die du für den Garten brauchst, bekommst du in guten Gartenfachgeschäften. Weil es aber nicht in jedem Ort ein solches Geschäft gibt, nennen wir hier Adressen von Firmen, die Gartenartikel verschicken.
Die folgenden Firmen haben Kataloge, in denen man sich aussuchen kann, was man möchte. Meist genügt es, eine Postkarte zu schreiben, dann bekommt man den Katalog.

Dehner
Postfach 11 60
8852 Rain/Lech

Keller
Konradstraße 17
7800 Freiburg

Kriete
Postfach 77 01 16
2820 Bremen 77

Pötschke
Postfach 22 20
4044 Kaarst

Bodenuntersuchüngen kann man in den folgenden Labors machen lassen. Vorher sollte man sich aber erkundigen, was es kostet und wie man die Bodenprobe nehmen soll.

Dr. Balzer
Oberer Ellenberg 5
3551 Amönau

Dr. Rusch
Am Hintersand
6348 Herborn

Institut für Agrarökologie
Stichwort „Bodentest"
Technikerstraße 13
A-6020 Innsbruck

Acepsa-Labor
CH-1041 Oulens VD

Staatliche Untersuchungsstellen:

Baden-Württemberg
Staatliche Landwirtschaftliche
Untersuchungs- und
Forschungsanstalt Augustenberg
Neßlerstraße 23
7500 Karlsruhe 41

Landesanstalt für
Landwirtschaftliche Chemie
Postfach 1 06
7000 Stuttgart 70

Bayern
Bayerische Hauptversuchsanstalt für
Landwirtschaft der
Technischen Universität München
8050 Freising-Weihenstephan

Bayerische Landesanstalt für
Bodenkultur und Pflanzenbau
Menzingerstraße 54
8000 München

Landwirtschaftliches
Untersuchungsamt
Luxburgstraße 4
8700 Würzburg

Hessen
Landwirtschaftliches
Untersuchungsamt und
Versuchsanstalt
Rheinstraße 91
6100 Darmstadt

Hessische Lehr- und
Forschungsanstalt für Wein-,
Obst- und Gartenbau
Beinstraße 15
6222 Geisenheim

Landwirtschaftliches
Untersuchungsamt und
Versuchsanstalt
Am Versuchsfeld 11
3500 Kassel-Harleshausen

Niedersachen
Landwirtschaftliche
Untersuchungs- und
Forschungsanstalt
Hochstraße 18
3300 Braunschweig

Landwirtschaftliche
Untersuchungs- und
Forschungsanstalt
Finkenbornerweg 1A
3250 Oldenburg

Nordrhein-Westfalen
Landwirtschaftliche
Untersuchungs- und
Forschungsanstalt
Weberstraße 61
5300 Bonn

Landwirtschaftliche
Untersuchungs- und
Forschungsanstalt
Von-Esmarch-Straße 12
4400 Münster

Rheinland-Pfalz
Landwirtschaftliche
Untersuchungs- und
Forschungsanstalt
Obere Langgasse 40
6720 Speyer

Landes-Lehr- und Versuchsanstalt für
Weinbau, Gartenbau und
Landwirtschaft,
Institut für Bodenkunde
Egbertstraße 18 – 19
5500 Trier

Schleswig-Holstein
Landwirtschaftliche
Untersuchungs- und
Forschungsanstalt
Gutenbergstraße 75 – 77
2300 Kiel

Mittel zum Düngen und zur Verbesserung des Bodens gibt es auch in landwirtschaftlichen Lagerhäusern. Hier die Adressen von Versandfirmen:

Cohrs GmbH
Postfach 11 65
2720 Rotenburg / Wümme

Snoek GmbH
Hochgratstraße 6
8996 Opfenbach

Vogelhäuschen und Nisthilfen für Insekten bekommst du im Gartenfachgeschäft oder von:

Schwegler
Heinkelstraße 35
7060 Schorndorf

Seerosen und Wasserpflanzen gibt es bei:

Oldehoff
Sieglmühle 2
8395 Hauzenberg

Teichfolie und Zubehör für Gartenteiche:

Plastoplan GmbH
2355 Ruhwinkel-Wankendorf

Ubbink
Sachsenstraße 32 – 36
4236 Hamminkeln 2

Teichpumpen mit Solarzellen bietet an:

Solaris
Gärtnerstraße 88
2000 Hamburg 20

Gewächshäuser, sehr preiswerte Folienhäuser und viel Zubehör gibt es bei:

Ing. G. Beckmann KG
Simoniusstraße 10
7988 Wangen im Allgäu

Glasgewächshäuser führen diese Firmen:

Bartscher
Postfach 45
4787 Geseke

Krieger GmbH
Gahlenfeldstraße 5
5804 Herdecke/Ruhr

Terlinden GmbH & Co KG
4232 Xanten 1

Voss
Postfach 41 30
6500 Mainz

Sachen aus Recycling-Kunststoff (Kompostlegen, Blumenkästen, Gartenbänke) führt:

remaplan GmbH
Unterhachinger Straße 75
8000 München 83

Besonders schöne, alte Rosensorten verschicken diese Firmen:

Dehner
Postfach 11 60
8852 Rain/Lech

Jensen, Ingwer J.
Hermann-Löns-Weg 39
2390 Flensburg

Saatgut, das man nicht überall bekommt, ausgefallene Pflanzen und Sorten gibt es hier:

Ing. G. Beckmann KG
Simoniusstraße 10
7988 Wangen im Allgäu

Blauetikett Bornträger GmbH
6521 Offstein

FIBL
(Sortenliste für biologisches Saatgut)
Postfach
Bernhardsberg
CH-4104 Oberwil/BL

Forschungsstelle für biologisch-dynamische Samenerzeugung
Kloster Langenstraße 11
2970 Emden 1 – Wybelsum

Hild, Walter und Karl
Kirchenweinbergstraße 115
7142 Marbach a. N.

Horstmann
Postfach 5 40
2200 Elmshorn

Lambert & Söhne
Postfach 25 65
5500 Trier

Lau, Wolfhart
(Berg-Garten Wildkräuter)
Lindenweg 17
7881 Großherrischwand

Mauser
Zürich-Straße 98
CH-8600 Dübendorf/Zürich

Pötschke
Postfach 22 20
4044 Kaarst

Sperling & Co
Postfach 26 40
2120 Lüneburg

Jungpflanzen von verschiedenen Minzen und Walderdbeeren bietet an:

Blauetikett Bornträger GmbH
6521 Offstein

Schadstofftester-Kästen gibt es im Gartenfachhandel. Das sind die wichtigsten Kästen:

dupla-Aquaristik
Kosmos Öko-Test 2000
Mangold Umwelt Lab Ökologic
Merck Bodenlabor „Agroquant“
VdSF-Kompaktlabor

Greenpeace-Schadstofftester sind zu beziehen bei:

Greenpeace
Hohe Brücke 1
2000 Hamburg 11

Wildsträucher für eine Hecke gibt es in Baumschulen und bei:

Florahof
Obere Grabenstraße 46
7315 Weilheim/Teck

Geigle
Herrenberger Straße 54
7270 Nagold
und
8949 Kammlach/Schwaben

Naturwuchs
Aug.-Bebel-Straße 16 – 18
4800 Bielefeld

Kneussle
7968 Saulgau-Krumbach
und
5427 Penzerheide/Bad Ems

Renz
7270 Nagold
8671 Oberkotzau
6364 Florstadt 5
8061 Unterweilbach